Psicologia Judiciária

— para a Carreira da Magistratura —

T833p Trindade, Jorge

Psicologia judiciária: para a carreira da magistratura / Jorge Trindade, Elise Karam Trindade, Fernanda Molinari. 2. ed. rev., atual. e ampl. – Porto Alegre: Livraria do Advogado Editora, 2012.

163 p.; 21 cm. – (Coleção Direito e Psicologia)
ISBN 978-85-7348-794-7

1. Psicologia forense. 2. Psicologia forense: Magistratura. I. Trindade, Elise Karam. II. Molinari, Fernanda. III. Título.

CDU – 343.96

Índices para catálogo sistemático:

Psicologia forense	343.96
Psicologia fosense: Magistratura	343.95:347.962

(Bibliotecária responsável: Marta Roberto, CRB-10/652)

COLEÇÃO DIREITO E PSICOLOGIA

Jorge Trindade
Elise Karam Trindade
Fernanda Molinari

Psicologia Judiciária

— para a Carreira da Magistratura —

SEGUNDA EDIÇÃO
Revista, atualizada e ampliada

livraria DO ADVOGADO editora

Porto Alegre, 2012

Jorge Trindade
Elise Karam Trindade
Fernanda Molinari
2012

Capa, projeto gráfico e diagramação
Livraria do Advogado Editora

Pintura da capa
Giudici – Tribunale dei Mercanti del 300

Revisão
Rosane Marques Borba

Livraria do Advogado Editora Ltda.
Rua Riachuelo, 1338
90010-273 Porto Alegre RS
Fone/fax: 0800-51-7522
editora@livrariadoadvogado.com.br
www.doadvogado.com.br

Impresso no Brasil / Printed in Brazil

Ao professor Mauro Cappelletti (*in memoriam*), pelos ensinamentos que deixou ao longo de uma profícua amizade.

Jorge Trindade

À Catarina.

Elise Karam Trindade

Aos meus pais, Lari Molinari e Fernando Molinari (*in memoriam*), e ao meu irmão, Paolo Molinari, com todo o meu amor e gratidão.

Fernanda Molinari

Prefácio

NOVOS TEMPOS PARA A JUSTIÇA

O aperfeiçoamento da máquina encarregada de realizar o justo humano possível é missão infindável. Não há termo previsto para corrigir as disfunções de qualquer empresa humana. Assim como ainda se sustenta a vocação de perfectibilidade da espécie racional, é preciso acreditar que a atuação das pessoas em qualquer área de desempenho seja sempre suscetível de esmero.

Adequar a Justiça às expectativas da sociedade contemporânea não é tarefa singela. Quase inviável detectar consensos na generalizada crítica a que se submete o Judiciário. Um deles é a morosidade da prestação jurisdicional, mesmo assim defendida por alguns poucos, a pretexto de que as decisões precisam ser refletidas, amadurecidas e não oferecidas de pronto.

O próprio Judiciário, em suas diversificadas exteriorizações – duas Justiças comuns, a estadual e a federal, e três especializadas, a laboral, a eleitoral e a militar – não detém a receita para a correção de suas deficiências.

Em excelente momento, o constituinte derivado criou o Conselho Nacional de Justiça, hoje órgão integrante do Poder Judiciário. Sua vocação de *controle externo* nutriu a resistência dos magistrados e tribunais que já não podem reagir à sua criação. O colegiado existe, está na Carta da República e desempenha as atribuições cometidas pela vontade nacional.

O CNJ não precisa se concentrar na função de supra-corregedoria. Natural que a partir de seu funcionamento atraísse o descontentamento daqueles que não se conformam com as decisões dos juízes. Ao lado do *denuncismo*, a entidade controladora apurou desvios que foram prontamente corrigidos.

A maior relevância de seu protagonismo, porém, está no compromisso de redesenhar o Judiciário. E isso começa com um novo paradigma de recrutamento do juiz. Concurso que só apura a capacidade mnemônica desserve a satisfazer os anseios da nacionalidade. Uma nova ordem instaurada sobre base principiológica reclama um hermeneuta menos robotizado. Ao contrário: o juiz precisa ser arguto, perspicaz, diligente e sensível.

Os esperados frutos do CNJ já se encontram disponíveis. Dentre eles, a Resolução n° 75, de 12.5.2009, que vai despertar o interesse de todos aqueles empenhados em prover o Brasil de um Judiciário à altura dos desafios postos pela pós-modernidade. O livro que os eruditos Jorge Trindade, Elise Karam Trindade e Fernanda Molinari ora oferecem é uma grata inferência da normativa regente. A obra vem ao encontro de propósito que acabo de externar: "no momento em que a falta de comprometimento ético em várias esferas da vida pública poderia desalentar a juventude e convencer a nacionalidade de que *nada mais tem jeito*, o Judiciário pode reacender o lume da esperança".[1]

É consabido e não constitui surpresa que os fatores psicológicos influenciam o produtor de decisões e nunca mereceram atenção institucional. Os tribunais enfrentam o fardo de seres humanos estressados, extenuados, emocionalmente depauperados, mas se satisfazem com os exames psicotécnicos realizados na fase do concurso público.

Raras as iniciativas de propiciar acompanhamento aos inditosos que não conseguem suportar as agruras de quem, muita vez, ao absorver dramas alheios, olvida-se de cuidar do próprio. Ao atuar nessa verdadeira *UTI social* que é a justiça convencional, não há quem consiga permanecer emocionalmente incólume. A não ser que se refugie na alienação, geradora de insensibilidade tão nefasta a quem pretenda fazer justiça. Fazer justiça é diferente da operação silogística da superada subsunção em que a premissa

---

[1] NALINI, José Renato. *Ética da Magistratura. Comentários ao Código de Ética da Magistratura Nacional – CNJ*. São Paulo: RT, 2010, p. 9.

maior é a lei, a premissa menor, o fato, e a tarefa do julgador se resuma a extrair conclusão lógica disso resultante.

O livro é uma consistente contribuição para os candidatos à Magistratura – assim como aos interessados em vencer essa corrida de obstáculos em que se converteram os certames públicos das profissões jurídicas – mas vai muito além. Deve ser assimilado por aqueles que já se encontram nas carreiras e por quantos se interessem por uma epopeia heroica: fazer da Justiça brasileira o serviço público célere, eficiente e capaz de *solucionar conflitos*, em lugar de proferir respostas prioritariamente processuais.

A Justiça não é dos juízes, nem dos promotores, nem dos advogados. Ela é do povo. Enquanto a sociedade não se interessar por seu contínuo apuro, ela continuará a ser o assunto endógeno de seus principais artífices. Nem sempre aptos a detectar sua disformia e, portanto, incapacitados de removê-la.

A leitura de *Psicologia Judiciária para a Carreira da Magistratura* é um bom início a quem se proponha a ingressar nessa cruzada cívico-democrática.

José Renato Nalini

Desembargador do Tribunal de Justiça de São Paulo
Autor de Ética da Magistratura-Comentários ao Código de Ética da Magistratura Nacional – CNJ. São Paulo: RT, 2010.

Nota da segunda edição

É com satisfação que apresentamos a segunda edição do nosso *Psicologia Judiciária – para Carreira da Magistratura,* que tem auxiliado, de uma forma ou de outra, muitos estudantes e concursandos nos mais diferentes quadrantes do nosso país e nos diversos segmentos da magistratura nacional (dos Estados, Federal, do Trabalho e Militar). Não têm sido poucas as referências que comprovaram essa ideia.

Resta, pois, que esse nosso despretensioso opúsculo continue servindo aos operadores do direito e das ciências humanas e sociais no sentido de insistir na proposta de que a compartimentalização do conhecimento tem seus dias contados e que a conexão entre direito e psicologia já se mostra historicamente irreversível.

Outrossim, temos consciência de que se tratando de um trabalho restrito aos temas de que trata a Resolução nº 75 de 2009, tivemos de operacionalizar muitas simplificações, buscando tornar a aproximação do Direito e da Psicologia um conhecimento possível, até porque, mesmo diante da complexidade da ciência, a simplicidade continua a constituir uma perene virtude.

Porto Alegre, janeiro de 2012.

Jorge Trindade

Elise Karam Trindade

Fernanda Molinari

Nota dos autores

A presente obra – *Psicologia Judiciária para a Carreira da Magistratura* – nasceu de uma necessidade. A Resolução nº 75 do Conselho Nacional de Justiça (CNJ), publicada em 12 de maio de 2009, que dispõe sobre os concursos públicos para ingresso na Carreira da Magistratura em todos os ramos do Poder Judiciário nacional, incluiu questões de Psicologia Judiciária na primeira prova escrita do concurso.

Perseguindo um modelo holístico, o artigo 47 da Resolução nº 75 tratou de estabelecer, na primeira prova escrita do concurso para a magistratura, de natureza discursiva, questões relativas à formação humanística do juiz dentre as quais incluiu, conforme consta no Anexo VI, ao lado das disciplinas de Sociologia do Direito, Ética e Estatuto da Magistratura Nacional, Filosofia do Direito e Teoria Geral do Direito e Política, alguns conteúdos de **Psicologia Judiciária**.

Surgiu, então, a necessidade de estudantes terem à mão os pontos estabelecidos no programa. O presente trabalho pretende oferecer essa modesta contribuição.

Não se trata, portanto, de um curso de Psicologia Judiciária, mas de uma simples roteirização dos itens propostos pelo Anexo IV da Resolução, e organizados exatamente nos termos em que se encontra publicada. Nada mais além disso.

Assim, fazemos questão de deixar bem explícito que pretendemos apenas auxiliar estudantes/concursandos, e não dar lições de Psicologia Judiciária.

Esperamos que nosso esforço seja suficiente para fornecer essa ajuda num momento em que o estudante vivencia inseguranças e ansiedades frente às complexas exigências inerentes ao concurso para ingresso na Carreira da Magistratura.

A par disso, continuamos a sonhar que, um dia, Direito e Psicologia possam efetivamente dar as mãos.

Porto Alegre, novembro de 2009.

Jorge Trindade
Elise Karam Trindade
Fernanda Molinari

Sumário

Introdução

"O novo juiz, portanto, é alguém que reconhece sua falibilidade como ser humano que é, pois não é um semideus, nem um ente superior. Mas, sobretudo, tem consciência da infinita capacidade de superação do homem, que já foi à Lua e, um dia, também terá capacidade de acabar com a fome".[2]

Conforme temos aludido em outras obras,[3] Direito e Psicologia compartilham do mesmo objeto de estudo, qual seja, o comportamento humano. Ambos os ramos do conhecimento, cada qual a seu modo, de acordo com suas especificidades epistemológicas, pretendem construir uma sociedade mais equânime, mais justa, mais feliz enfim. Por isso advogamos que Direito e Psicologia estão "condenados" a dar as mãos. Com efeito, pois se a Psicologia é fundamental para o Direto, mais que qualquer outra coisa, é essencial para a Justiça.

A perspectiva epistemológica integracionista vem justamente postular a indispensável convergência do conhecimento, pois, como refere Morin,[4] a ciência moderna se faz mais por conexões do que por isolamentos, antevendo-se a Psicologia Judiciária como uma zona, não de confronto como o velho modelo positivista almejava, mas de encruzilhada, onde se inaugura um novo território – o campo psicojurídico – capaz de instaurar uma nova e complexa maneira de perceber o homem em relação, em conflituali-

[2] ATAÍDE JUNIOR, Vicente de Paula: *O Novo Juiz e a Administração da Justiça. Repensando a Seleção, a Formação e a Avaliação dos Magistrados no Brasil*. Curitiba: Juruá, 2006, p. 75.

[3] TRINDADE, Jorge. *Manual de Psicologia Jurídica para Operadores do Direito*. 6ª edição. Porto Alegre: Livraria do Advogado, 2012.

[4] MORIN, Edgar. *O Desafio do Século XXI. Religar os Conhecimentos*. Lisboa: Instituto Piaget, 1999.

dade inter e intrapessoal, se não quisermos destacar também a sua transubjetividade.

A construção da Psicologia Judiciária (Jurídica, Forense ou Legal)[5] tem se dado não sem obstáculos. De um lado, encontram-se oposições radicais; de outro, simpatias gratuitas e destituídas de substância. Entretanto, é no espaço entre esses extremos que ela vai se constituindo a *pari passu*, sem apropriações, sem senhores, sem escravos, como uma disciplina "ainda por fazer", saber aberto, interdisciplinar e dinâmico.

Nesse panorama, e atento aos desenvolvimentos igualmente dinâmicos da vida social e do direito, preocupado com a seleção, o acompanhamento e qualificação dos magistrados, percebendo que o juiz não pode ser um autômato cumpridor da lei nem apenas um técnico de sua subsunção, o Conselho Nacional de Justiça (CNJ)[6] houve por bem, através da Resolução 75, de 12 de maio de 2009, que dispõe sobre os concursos públicos para ingresso na Carreira da Magistratura em todos os ramos do Poder Judiciário Nacional, adiantar duas posições que dizem respeito à psicologia.

A primeira delas, contida no artigo 47 da Resolução,[7] trata de estabelecer, na primeira prova escrita do concurso para a magistratura, questões relativas à formação huma-

[5] Não cabe aqui estabelecer as diferenças entre Psicologia Judiciária, Psicologia Jurídica, Psicologia Forense e Psicologia Legal por envolverem questões epistemológicas complexas que fogem ao objetivo deste trabalho, que é apenas de servir como instrumento básico e preparatório à carreira da magistratura, nos termos da Resolução 75/09 do Conselho Nacional de Justiça. Para maiores esclarecimentos, remetemos o leitor a: TRINDADE, Jorge. *Manual de Psicologia Jurídica para Operadores do Direito.* 6ª edição. Porto Alegre: Livraria do Advogado, 2012.

[6] Conselho Nacional de Justiça (CNJ): trata-se de órgão do Poder Judiciário previsto no art. 103 da Constituição Federal/88.

[7] Art. 47. A primeira prova escrita será discursiva e consistirá:

I – de questões relativas a noções gerais de Direito e formação humanística previstas no Anexo VI;

II – de questões sobre quaisquer pontos do programa específico do respectivo ramo do Poder Judiciário nacional.

Art. 48. Cabe a cada tribunal definir os critérios de aplicação e de aferição da prova discursiva, explicitando-os no edital.

Parágrafo único. A Comissão Examinadora deverá considerar, em cada questão, o conhecimento sobre o tema, a utilização correta do idioma oficial e a capacidade de exposição.

nística do juiz, dentre as quais se inclui, por força do Anexo VI,[8] – ao lado da Sociologia do Direito, da Ética e do Estatuto da Magistratura Nacional, da Filosofia do Direito, e da Teoria Geral do Direito e da Política –, noções de Psicologia Judiciária.

A segunda aparece no artigo 60,[9] que inclui, ao lado do exame físico, o exame mental e psicotécnico, este destinado a avaliar as condições psicológicas do candidato, devendo ser realizado por médico psiquiatra ou por psicólogo.[10]

Dessa forma, vai se consolidando, gradativamente, a importância da contribuição da Psicologia, especialmente a Psicologia Judiciária, na seleção e na qualificação de magistrados, bem como se reconhecendo que o juiz é um mediador de conflitos,[11] que a razão não está dissociada da

---

[8] ANEXO VI – NOÇÕES GERAIS DE DIREITO E FORMAÇÃO HUMANÍSTICA. A) SOCIOLOGIA DO DIREITO; B) PSICOLOGIA JUDICIÁRIA. 1. Psicologia e Comunicação: relacionamento interpessoal, relacionamento do magistrado com a sociedade e a mídia. 2. Problemas atuais da psicologia com reflexos no direito: assédio moral e assédio sexual. 3. Teoria do conflito e os mecanismos autocompositivos. Técnicas de negociação e mediação. Procedimentos, posturas, condutas e mecanismos aptos a obter a solução conciliada dos conflitos. 4. O processo psicológico e a obtenção da verdade judicial. O comportamento de partes e testemunhas. C) ÉTICA E ESTATUTO JURÍDICO DA MAGISTRATURA NACIONAL; D) FILOSOFIA DO DIREITO; E) TEORIA GERAL DO DIREITO E DA POLÍTICA.

[9] SEÇÃO II – DOS EXAMES DE SANIDADE FÍSICA E MENTAL E PSICOTÉCNICO. Art. 60. O candidato, no ato de apresentação da inscrição definitiva, receberá, da secretaria do concurso, instruções para submeter-se aos exames de saúde e psicotécnico, por ele próprio custeados. § 1° Os exames de saúde destinam-se a apurar as condições de higidez física e mental do candidato. O exame psicotécnico avaliará as condições psicológicas do candidato, devendo ser realizado por médico psiquiatra ou por psicólogo. § 2° O candidato fará os exames de saúde e psicotécnico com profissional do próprio tribunal ou por ele indicado, que encaminhará laudo à Comissão de Concurso.

[10] Aqui, com certeza, ao referir que o exame psicotécnico será realizado por médico psiquiatra ou psicólogo, labora-se em um equívoco, porque, nos termos do art. 13, § 1°, da Lei n° 4.119, de 27 de agosto de 1962, que dispõe sobre os cursos de formação em psicologia e regulamenta a profissão de psicólogo, o exame psicotécnico constitui ato privativo de psicólogo. Com efeito, a Lei n° 4.119, de 27 de agosto de 1962, em seu art. 13, § 1°, dispõe que: *Constitui função privativa do Psicólogo a utilização de métodos e técnicas psicológicas com os seguintes objetivos*: a) diagnóstico psicológico; b) orientação e seleção profissional; c) orientação psicopedagógica; d) solução de problemas de ajustamento.

[11] "O juiz, em contato direto com os casos concretos, com as partes e seus advogados, testemunhas e pessoal judiciário, é um daqueles psicólogos práticos, que há milênios ajudam a viabilizar a convivência em sociedade". BENETI, Sidinei Agostinho. *Personalidade e Opções Psicológicas de Julgamento.* Em: PELUSO, Anto-

emoção, e que os saberes humanísticos são essenciais ao magistrado, sendo que a Psicologia Judiciária, enquanto psicologia a serviço do Direito, constitui um conjunto de conhecimentos que auxiliam o magistrado na sua difícil e complexa tarefa de julgar.

Ainda que genérica, a preciosa referência de Nalini[12] [13] elucida magistralmente o assunto:

> As tensões a que se sujeitam os humanos – e até os animais –, neste milênio turbulento, agravam as depressões, multiplicam as manifestações de insegurança, de aflição, de angústia ou de indefinível mal-estar. Noções de psicologia deveriam ser exigíveis a todos os profissionais que se relacionam amiúde com o semelhante.

Em se tratando de juízes, especificamente, essa expressão passa a constituir uma máxima na medida em que os magistrados lidam com as turbulências sociais, mas principalmente com o arrebatável sentimento de justiça, nada havendo de mais doloroso e intolerável ao ser humano do que a experiência da injustiça.

Dessarte, resulta evidente o interesse das instâncias superiores da administração da justiça com a adequada seleção de magistrados, onde se destacam os aspectos humanísticos de sua formação. Conhecimentos sociológicos, éticos, filosóficos, políticos e psicológicos, além dos estritamente jurídicos, são cada vez mais necessários ao juiz moderno, cuja atividade jurisdicional acontece num mundo globalizado e entretecido por relações de alta complexidade.

De fato, a atividade do juiz tornou-se cada vez mais exigente, estressante e complexa, tendo o magistrado de se socorrer dos conhecimentos da Psicologia e da Psicologia Judiciária, seja no sentido de seu aprimoramento pessoal, seja na perspectiva técnico-profissional, mesmo porque es-

---

nio Cezar e NAZARETH, Elkiana Ribert (Coord). *Psicanálise, Direito, Sociedade. Encontros Possívies.* São Paulo: Quartier Latin, 2006, p. 241.

12 NALINI, José Renato. *Ética geral e profissional.* 7ª ed. São Paulo: Revista dos Tribunais, 2009, p. 110.

13 O professor José Renato Nalini é desembargador do Tribunal de Justiça de São Paulo, doutor em Direito Constitucional e autor de diversas obras de referência dentre as quais: *A rebelião da toga,* publicada pela Editora Millennium, 2006; *Curso de deontologia da magistratura,* Saraiva, 1992; e *Insurreição ética do juiz brasileiro,* Revista dos Tribunais, volume 721, p. 349, a quem sugerimos que o leitor interessado se remeta para conhecer mais profundamente o assunto.

sas duas dimensões se encontram íntima e inexoravelmente ligadas.

Com efeito, o elemento racional e o emocional constituem dois lados de uma mesma realidade: esse ser biopsicossocial, ou, mais analiticamente, físico-mental--psicológico e espiritual (noético) denominado homem.[14] Assim sendo, compartilhamos a ideia de que o homem excede infinitamente o homem.

[14] A propósito, ver a escola humanístico-existencial da psicologia, e, em particular, consultar: FRANKL, Victor. *Fundamentos antropológicos da psicoterapia.* Rio de Janeiro: Zahar Editores, 1978; *Em busca de sentido.* Porto Alegre: Sulina, 1987; e XAUSA, Izar Aparcida de Moraes. *A psicologia do sentido da vida.* Petrópolis: Vozes, 1986; WATZLAWICK, Paul. *Il linguaggio del cambiamento.* Milano: Feltrinelli,1999, onde é desenvolvida a dimensão noética da personalidade.

1. Psicologia e comunicação: relacionamento interpessoal, relacionamento do magistrado com a sociedade e com a mídia

> "É o protesto e uma natureza moral enérgica contra o ultraje ao direito, o testemunho mais belo e mais elevado que de si pode dar o sentimento jurídico; – é um fenômeno moral tão atraente e tão fecundo para o psicólogo como para o poeta".[15]

1.1. Noções Introdutórias

Os fenômenos que a psicologia considera em seu domínio abrangem uma imensa extensão que torna a psicologia um campo com múltiplas perspectivas, uma disciplina com muitos rostos. De fato, a psicologia, de um modo geral, e a psicologia judiciária, de maneira especial, constituem valiosos instrumentos para outros ramos do conhecimento, dentre eles, o direito.

Dentro desse amplo espectro instrumental, a psicologia também pode explicar a compreensão dos processos de comunicação humana: o relacionamento interpessoal como um todo e o relacionamento do magistrado com a sociedade em particular.

1.2. Relacionamento interpessoal

O relacionamento humano é conflituoso por natureza. A razão disso está em todos nós. Cada pessoa possui uma

[15] IHERING, Rudolf von. *A luta pelo direito.* Rio de Janeiro: Forense, 1987, p. 51.

história de vida diferente, com valores e objetivos também diferentes. A dinâmica social não é unívoca. Com efeito, pois, se sob o ângulo objetivo/abstrato todos os homens são iguais, do ponto de vista subjetivo, sociológico e psicológico, os homens concretos são desiguais.

Pode-se dizer que o relacionamento humano implica estar aberto para acolher o outro: escutá-lo, sentir suas dificuldades e fazer mudanças. Entretanto, o relacionamento interpessoal está sujeito a dissonâncias, e a comunicação pode vir contaminada por diversas formas de ruído. Ademais, toda mudança se depara com resistências e gera conflitos na medida em que o novo é fonte de insegurança ao mesmo tempo em que promove esperança.

A noção de mudança pode ser estudada sob várias óticas, dentre as quais se destacam:

• **Perspectiva de Kurt Lewin**: a mudança é considerada numa linha de continuidade que tende para uma progressão e para a busca de um estado caracterizado por tensões menos fortes. A redução da tensão favoreceria, assim, a mudança. O comportamento e as atitudes individuais seriam situações privilegiadas de mudança, onde a informação viria a agir sobre as percepções e transformar as atitudes. Nesse sentido, o processo de mudança corresponde a uma aprendizagem, pois uma nova informação se integra à percepção e se transforma em nova atitude.

• **Perspectiva psicanalítica**: está baseada na dinâmica inconsciente do funcionamento social (Princípio do Determinismo do Inconsciente). A mudança seria o resultado de uma luta permanente entre as forças da pulsão de vida (Eros) e da pulsão de morte (Tanatos), que se organiza através da compulsão à repetição e ao mesmo tempo na busca de um estado de equilíbrio ausente de tensão. Nesse aspecto, mudar é não estar submetido ao princípio da compulsão à repetição, mas aceder ao desconhecido e à transformação própria da vida.

• **Perspectiva sociológica**: a evolução e a mudança seriam basicamente transformações observáveis no tempo que se relacionam com a estrutura da sociedade.

Como se pode notar, as mudanças estão sujeitas a vários fatores. Dentre eles, estão aqueles de ordem pessoal, tais como a necessidade de sucesso e o sentimento de controle, e os fatores situacionais, socioculturais e econômicos, que tendem a se expressar através de mudança de atitudes individuais ou de mudança social.

Por outro lado, o processo de influenciar e ser influenciado por outras pessoas implica organizar e interpretar informações. Assim, por exemplo, pessoas submetidas a um estímulo persistente podem desenvolver uma maior tolerância a determinadas situações, ocorrendo uma dessensibilização, isto é, uma redução da ativação produzida por uma exposição frequente. Por exemplo, a habituação à violência.

Depois de conceber que a vida verdadeira é encontro, e que o "Eu" sem o "Tu" é apenas uma abstração, Martin Buber[16] referiu que a real problemática no âmbito inter-humano é a dualidade do *ser* e do *parecer*. Com efeito, no campo do relacionamento interpessoal, nem sempre ser e parecer coincidem. Muitas vezes as pessoas *parecem* de uma maneira, com este ou aquele atributo ou sentimento, mas a experiência vem demonstrar que, realmente, isso não passa de uma mera *aparência*. O mesmo acontece no plano da comunicação interpessoal. As mensagens podem ser ambíguas, possuir duplo sentido, sugerir uma coisa quando, na verdade, pretendem comunicar outra, às vezes bem diferente, se não até o oposto. Entretanto, para o magistrado, a orientação é socrática: seja o que deseja aparentar.

Para se protegerem dessas situações, que geralmente vêm acompanhadas de ansiedade e sofrimento, as pessoas utilizam mecanismos de defesa, recursos que o *ego* dispõe para manter o equilíbrio da personalidade.[17]

Os mecanismos de defesa consistem em procedimentos inconscientes destinados a repelir ou reduzir a ansiedade e podem ser organizados mediante a seguinte classificação:

---

[16] BUBER, Martin. *Do diálogo e do Dialógico*. São Paulo: Perspectiva, 1982.

[17] Os mecanismos de defesa são sempre inconscientes. Também são conhecidos como mecanismos homeostáticos devido à função de atribuir equilíbrio à personalidade.

Mecanismos de Defesa do Ego e suas Funções

MECANISMO	FUNÇÃO
Negação	Por ser desagradável ou penosa ao ego, a realidade externa é considerada como não existente (negada).
Projeção	Consiste em atribuir aos outros características ou sentimentos não admitidos em si mesmo.
Introjeção	Um objeto externo (sentimento, qualidade, condição, desejo) é simbolicamente internalizado, tomado e assimilado como parte do indivíduo.
Racionalização	Consiste em explicações baseadas na razão para comportamentos que, na realidade, são determinados por motivos desconhecidos.
Intelectualização	Mecanismo que articula uma teorização do afeto, que passa a ser explicado com foco nos aspectos objetivo e não nos emocionais, para evitar ansiedade.
Formação reativa	Este mecanismo leva o ego a realizar o oposto do desejo, de modo que uma pulsão proibida é transformada no seu contrário.
Deslocamento	Processo através do qual sentimentos, afetos ou ideias ligados a uma fonte são redirecionados para outra.
Sublimação	Mecanismo pelo qual a energia psíquica retirada do material reprimido é canalizada para fins socialmente aceitos.
Repressão	Mecanismo de expulsar da consciência desejos, sentimentos, ideias ou fantasias inconvenientes ao ego.
Regressão	Consiste no retorno a uma fase anterior do desenvolvimento emocional a fim de evitar a dor psíquica, desprazer ou a frustração.
Identificação	Mecanismo que trata de interiorizar características do objeto para desenvolver a própria personalidade.
Isolamento	Trata-se de uma separação intrapsíquica entre o afeto e seu conteúdo, a fim de evitar ou diminuir a ansiedade.
Anulação	Refere-se à realização de um determinado ato com o objetivo de apagar, desfazer ou anular simbolicamente um ato anterior capaz de provocar ameaça ou sofrimento ao ego.
Dissociação	Mecanismo pelo qual a parcela da personalidade geradora de ansiedade é eliminada através da divisão da consciência.
Somatização	Mecanismo pelo qual se faz a transferência de sentimentos dolorosos para o corpo (soma), *com* prejuízo orgânico.
Conversão	Consiste no deslocamento de um conflito psíquico para o corpo, *sem* prejuízo orgânico.

Tratando sobre as qualidades específicas do magistrado, Crisgiovanni e Siqueira[18] recomendam o exercício de algumas virtudes e comportamentos fundamentais, dentre os quais destacam:

- Humildade;
- Controle emocional;
- Controle da ansiedade;
- Empatia;
- Otimismo;
- Superação dos preconceitos;
- Competência Interpessoal.

Além desses atributos, pode-se acrescentar ainda:

- Crítica pessoal e social;
- Serenidade;
- Conhecimento jurídico e metajurídico (filosofia, psicologia, sociologia, política, hermenêutica etc.);
- Elevado nível de tolerância à frustração;
- Clareza em suas manifestações;
- Vocação moral voltada para a justiça;
- Desprendimento material;
- Conduta pública e privada irrepreensível.

Vieira,[19] por sua vez, dando ênfase à dimensão interpessoal do juiz-líder, e a par das qualidades que deve possuir perante sua equipe, tais como saber ouvi-la, qualificá-la, influenciá-la pelo exemplo e poder negar pedidos com justiça, destaca também as seguintes habilidades individuais:

- Caráter: firmeza moral inatacável, integridade, ética e honestidade;
- Simplicidade;
- Gentileza;
- Compromisso;
- Iniciativa com ousadia.

---

[18] CRISGIOVANNI, C. L. M. e SIQUEIRA, I. L. S. M. A contribuição da psicologia para a formação dos magistrados. In: CARVALHO, M. C. N. E MIRANDA, V. R. (Orgs). *Psicologia Jurídica: temas de aplicação.* Curitiba: Juruá, 2007.

[19] VIEIRA, José Luiz Leal. *Um novo desafio para o judiciário: o juiz líder.* Porto Alegre: Tribunal de Justiça do Estado do Rio Grande do Sul, Departamento de Artes Gráficas, 2009, p. 113 e seguintes.

Por derradeiro, cabe salientar que os conflitos interpessoais podem favorecer os fatores de risco para o estresse no ambiente de trabalho, com repercussões negativas na esfera individual, familiar, social e laboral do magistrado. Alta carga de estresse no trabalho está associada a baixo rendimento e à perda da produtividade, bem como com o aumento de erros e omissões na realização de tarefas.

Traçando um paralelo com as referências feitas por Zimerman,[20] cabe referir que as pressões que afetam o magistrado podem ser organizadas em três vertentes:

- **Externas Extraprofissionais (Exteriores):** aquelas que se situam fora do campo estritamente profissional: familiares, socioeconômicas, financeiras etc.
- **Externas Profissionais (Exteriores):** aquelas que decorrem diretamente da situação profissional: excesso de trabalho, relações conflituosas com colegas de trabalho, advogados e funcionários, frustrações decorrentes da precariedade de recursos do próprio sistema judicial, limitações concretas à atividade jurisdicional etc.
- **Internas (Interiores):** aquelas decorrentes de conflitos intrapsíquicos, de origem inconsciente, tais como sentimentos contraditórios ainda não devidamente resolvidos, ansiedades, angústias, impotência para realizar ideais de justiça, assim como também aquelas de ordem consciente, de natureza moral ou de consciência ética, que se apresentam de maneira mais explícita do que propriamente implícita.

O magistrado, portanto, como qualquer outro trabalhador, está sujeito a diversos tipos de pressão, incluindo aquelas que, na sua especificidade laboral, são inerentes à função de julgar e de administrar a justiça.

A Síndrome de *Burnout* é a mais característica das situações que pode acometer a pessoa que trabalha sob intensa pressão, com elevadas cobranças internas e externas, e com expectativas altamente idealizadas. A Síndrome de *Burnout* refere-se ao desgaste profissional e consiste num

[20] ZIMERMAN, David. A influência dos Fatores Psicológicos Inconscientes da Decisão Jurisdicional. In: ZIMERMAN, David; COLTRO, Antônio Carlos Mathias (Org.). *Aspectos Picológicos na Prática Jurídica.* Campinas: Millennium, 2008, p. 143.

grave estado de esgotamento pessoal, físico e mental, decorrente de uma rotina de trabalho exigente e estressante. Por isso, é conhecida como a síndrome de queimar-se pelo trabalho, referida também como a Síndrome do Colarinho Branco e também como a Síndrome do Fim de Século.[21]

Alguns Sinais de Estresse no Trabalho

FÍSICOS	EMOCIONAIS	COMPORTAMENTAIS
Cansaço constante	Desmotivação	Irritação
Dor de cabeça	Tristeza	Agitação
Dor na coluna	Depressão	Evitação de situações
Hipertensão	Choro fácil	Discussões frequentes
Gastrite e úlceras	Pensamentos negativos	Agressividade
Palpitações	Ansiedade	Apatia
Insônia	Perda do senso de humor	Conflito com colegas e partes
Impotência ou frigidez	Raiva contida	Dificuldade de concentração

As relações interpessoais respondem diretamente aos fatores de risco para estresse. Quanto mais estressada estiver uma pessoa, maiores as chances de conflito nas suas relações. O desempenho fica prejudicado, a produtividade é menor e mais sujeita a erros e omissões. Podem surgir comportamentos de procrastinação, dificuldade para se organizar, especialmente de aproveitar corretamente o tempo, ou interrupções desnecessárias.

Não se pode esquecer de que os serviços judiciais, por sua própria natureza, e por tratarem diretamente com conflitos de interesses, favorecem situações de estresse. Ade-

[21] Inicialmente, supunha-se que a Síndrome de *Burnout* afetasse apenas trabalhadores de alto escalão burocrático. Posteriormente, a observação demonstrou que atinge predominantemente aqueles que trabalham sob forte pressão, incluindo enfermerios de CTI, bombeiros, agentes de trânsito, professores, médicos de servios de urgência, advogados, policiais, controladores de voo etc.

mais, é de conhecimento geral que os magistrados, além da grande responsabilidade que possuem, encontram-se assoberbados de processos, com prazos a cumprir, e muitas outras atribuições concorrentes, na administração da Vara e perante o Tribunal e a Corregedoria. Além disso, os magistrados possuem atividades na comunidade onde frequentemente são chamados para proferirem palestras, participar de eventos públicos ou sociais, compromissos estes que não podem ser negligenciados, pois favorecem o bom relacionamento e a integração do juiz com a comunidade.

Em síntese, não se pode esquecer, como refere Nalini,[22] que "a magistratura está reservada a quem possua condições de enfrentar desafios, resistir a pressões, aptidão para produzir atos concretos de justiça e ânimo para ver sua atitude confrontada em inúmeros cenários".

1.3. O relacionamento do magistrado com a sociedade e com a mídia

O relacionamento interpessoal é dificultoso, complexo e faz parte da condição de ser/estar no mundo. O juiz, como indivíduo ou como representação, não está alheio a essa realidade. Ao contrário, está permanentemente se relacionando com outras pessoas, com familiares, amigos, vizinhos, colegas de magistratura, mas também com membros do Ministério Público, advogados, funcionários e colaboradores, e com os jurisdicionados através dos atos de jurisdição. Possui uma identidade própria e outra simbólica, que são indissociáveis. O juiz é uma pessoa, e esta pessoa é um juiz.

Como cidadão, possui peculiaridades, carrega uma personalidade e interage com os demais com as mesmas necessidades e as mesmas dificuldades de qualquer pessoa.

Entretanto, a representação perante a comunidade é atributiva de muitas responsabilidades relacionais. Como tal, dentre outras obrigações, deve cumprir e fazer cumprir, com independência, serenidade e exatidão, as disposições legais e os atos de ofício; tratar com urbanidade as

[22] NALINI, José Renato. Op. cit., p. 413.

partes, os membros do Ministério Público, os advogados, as testemunhas, os funcionários e auxiliares da Justiça, e atender aos que o procurarem, a qualquer momento, quanto se trate de providência que reclame e possibilite solução de urgência, e, sobretudo, deve manter conduta irrepreensível na vida pública e particular.

Vicente de Paula Ataíde Junior, em notável trabalho intitulado *O Novo Juiz e a Administração da Justiça: repensando a seleção, a formação e a avaliação dos magistrados no Brasil*,[23] após assinalar que o magistrado é uma pessoa humana multidimensional cuja formação deve ser abrangente, e não do tipo reducionista, refere que "a qualidade-eficiência do trabalho produzido pelo juiz não depende apenas dos seus conhecimentos jurídicos". De fato, a qualidade e a eficiência do trabalho do juiz dependem também de seus conhecimentos metajurídicos, isto é, daqueles conhecimentos que advêm de sua experiência pessoal e profissional e daquelas que compõem a sua formação humanística, tais como filosóficos, psicológicos, políticos e sociais.

Ademais, a comunicação é um processo de intersubjetividades recíprocas expresso por um conjunto de sinais, orais, audíveis ou corporais, selecionados aleatoriamente numa determinada comunidade, e tem por finalidade a troca de ideias, informações, pensamentos e sentimentos entre duas ou mais pessoas.

A transmissão de informações acontece através de mensagens enviadas por um emitente para um receptor ou destinatário através de um código que necessita ser decodificado e que depende de um canal, contexto ou contato.

Por outro lado, a comunicação de massa compreende toda situação interativa na qual não existe a possibilidade, pela parte dos receptores, de responder a mensagem enviada pelo emissor. Por isso mesmo, os meios de comunicação de massa são dotados de enorme capacidade de orientar a opinião pública, os juízos, as posturas e os comportamentos, pois causam um efeito imediato, difuso e generalizado para um incalculável número de indivíduos: a plateia.

---

[23] ATAÍDE JÚNIOR, Vicente de Paula. *O Novo Juiz e a Administração da Justiça: repensando a seleção, a formação e a avaliação dos magistrados no Brasil.* Curitiba: Juruá, 2006, p. 15.

Os meios contemporâneos de comunicação de massa (rádio, televisão, jornais, revistas, cinema e mais recentemente a *Internet*) produzem estímulos que não são puramente informativos ou racionais, mas portadores de elevada carga de ressonância emocional, cujo conteúdo de manipulação nem sempre aqueles que compõem a plateia conseguem distinguir, criando uma confusão no imaginário social. Processos de identificação e de idealização agem inconscientemente sobre os destinatários desse tipo de mensagem manipulativa, gerando crenças e comportamentos destituídos de crítica, com grande impacto numa sociedade líquida,[24] carente de valores e de modelos identificatórios estáveis.

Dessa forma, a opinião dos cidadãos está sujeita a uma complexa e sutil rede de múltiplas influências e manipulações, na qual os meios de comunicação de massa desempenham um papel cada vez maior, o que tem levado a inúmeros questionamentos éticos e jurídicos dentro daquilo que se denomina "indústria da consciência".

Nesse contexto, Bittencourt[25] esclarece a natureza das decisões judiciais que, pela própria formulação do processo como lide, não pode satisfazer a todos.

> As decisões não agradam a todos; ao contrário, desgostam muitos. Os vencedores só atribuem os desfechos da demanda à excelência de seu direito; os vencidos buscam explicação à derrota em deslizes dos magistrados. O mal, porém, se agrava quando os descontentes procuram contaminar a opinião pública, levando roldão a confiança na Magistratura, que deve sempre ser corrigida, mas nunca deveria ser detratada.

A par de problemas deontológicos, sociológicos, ideológicos e políticos, a psicologia parte do pressuposto de que podemos somente falar de imagens da realidade, e não da realidade em si.[26]

Ademais, há basicamente dois níveis de comunicação:

---

[24] BAUMAN, Zygmunt. *Modus vivendi.* Roma-Bari: Laterza, 2007.

[25] BITTENCOURT, Edgard de Moura. *O Juiz.* São Paulo: Universitária de Direito, 1982, p. 206.

[26] WATZLAWICK, Paul. *Il linguaggio del cambiamento.* Milano: Feltrinelli,1999, p. 19.

• **Nível consciente:** também chamado nível da comunicação expressa ou manifesta.

• **Nível inconsciente:** aquele latente, não manifesto ou interdito.

A comunicação consciente pode ser conflitiva quando envolve aspectos inconciliáveis de ordem lógica, contradições insuperáveis no plano da realidade dos fatos, mas, em geral, a comunicação que se dá em nível inconsciente é aquela que gera maiores dificuldades, pois as verdadeiras causas dos conflitos que produzem estão submersas, não reveladas, e, por essa razão, fora da possibilidade de soluções objetivas.

Portanto, se o magistrado deve ser prudente ao fazer uso da comunicação que estima consciente, porque mais próxima aos fatos, maior cautela deverá ter com mensagens cifradas, aquelas que envolvem uma metalinguagem, pois nela, não estando explícitos os conteúdos subjacentes, a possibilidade de conflitos é redobrada.[27]

Assim, sempre que possível, em manifestações públicas ou perante os meios de comunicação social, o magistrado deverá optar pela clareza e pela objetividade, evitando pronunciamentos ambíguos ou sujeitos a interpretações distorcionistas.

O magistrado deve ter plena consciência das consequências de suas declarações e, como mais uma vez nos ensina Nalini,[28] "o juiz precisa ter consciência de que a sua decisão repercutirá no meio social e ele necessita ter noção

[27] RESPONSABILIDADE CIVIL IMPRENSA. CRÍTICA A ATO JUDICIAL QUE ATINGIU A PESSOA DO MAGISTRADO. LIBERDADE DE INFORMAÇÃO. DIREITO À HONRA E À IMAGEM. A liberdade de imprensa encontra limites no próprio texto constitucional, que também resguarda, em cláusulas pétreas, os direitos individuais. A crítica a ato judicial, por outro lado, não pode atingir indevidamente a pessoa do magistrado, que apenas exerceu a sua missão constitucional, deliberando segundo sua consciência jurídica e livre convencimento, sendo-lhe vedado submeter-se a qualquer outra influência, como eventual repercussão junto à mídia ou opinião pública, razão, aliás, da forma de sua investidura e das garantias que lhe são atribuídas pela sociedade, através do poder constituinte originário. Dolo eventual. Assumir o risco equivale ao querer. Lei de Imprensa. Tarifação. Inaplicabilidade. Indenização. Valor. Critérios. Improcedência em relação à corré, que vai mantida. Apelação do autor parcialmente provida, improvendo-se a da ré. (Apelação Cível n° 70001201532. Décima Câmara Cível. Rel. Des. Luiz Ary Vessini de Lima. Julgado em 30 de novembro de 2000).

[28] NALINI, José Renato. Op. cit., p. 419 e 433.

precisa dessas consequências", pois se uma pessoa claudica, a falta é relevada, mas se o juiz claudica, o fato se torna manchete (Nalini, 2009, p. 419 e 433).

Com efeito, a palavra do juiz, escrita na sentença ou pronunciada oralmente em qualquer situação em que se revele sua autoridade, não pode servir à manipulação da consciência. Antes, deve ser um instrumento a favor do esclarecimento da população e de sua conscientização, da tranquilização e da pacificação social, mesmo quando para manter viva a luta pelo direito.

Também para o juiz vale o mandamento socrático que recomenda todo homem tratar o seu interlocutor com respeito.

Ademais, embora posições abalizadas, como a de Popper[29] (1994), critiquem o colossal poder da mídia e destaquem aspectos negativos como sensacionalismo e o favorecimento a condutas de violências, oferta de distrações superficiais, simplificação e uniformização do pensamento e das preferências, outras posições não menos respeitadas, como a de Lipovetsky[30] (2004), ao contrário, entendem que a mídia favorece o desenvolvimento da autonomia dos indivíduos, tendo permitido a passagem da democracia de partido para democracia do público.

Nesse amplo espectro, da demonização à santificação da mídia e de seus efeitos, os magistrados devem estar conscientes da necessidade de sopesar valores caso a caso, pois o que, em um contexto, pode ser justo, em outro pode ser injusto.

À crença de que o juiz sempre será o instrumento do discurso ideológico que se esconde por trás e na sombra da mídia, contrapõe-se aquela do magistrado suspenso no ar, "sem história, sem desejo e sem memória".

Se não há abstinência ideológica – o que implicaria uma radical dessubjetivação, uma nulidade no desejo, um mito impossível – resta o poder de autocrítica que decorre

---

[29] POPPER, K. Une loi pour la télévision, em J. Condry e K. Popper. La télévision: un danger pour la démocratie. Paris, 10/18/1994, *apud*: LIPOVETSKY, Gilles. *Metamorfoses da cultura liberal, ética, mídia e empresa*. Porto Alegre: Sulina, 2004.

[30] LIPOVETSKY, Gilles. *Metamorfoses da cultura liberal, ética, mídia e empresa*. Porto Alegre: Sulina, 2004.

dos princípios socráticos que prescrevem, de acordo com a inscrição no oráculo de Delfos,[31] que o homem se conheça a si mesmo e se reconheça como o sujeito de um saber aberto, que nada sabe. Nesses princípios reside a verdadeira sabedoria, aquela que arrasa todos absolutos na medida em que torna possível uma liberdade que se expressa porque capaz de conhecer as razões que a determinam.

O juiz, quando decide, não deve esquecer que a sentença é apenas uma metonímia, isto é, o conflito é apenas e tão somente o emergente simbólico de toda uma estrutura disfuncional que o subjaz, o que pressupõe o ouvir e o "inclinar-se" sobre o todo, que inclui a si próprio, suas crenças, seus valores e seus desejos.

A quem julga o juiz quando julga, senão as partes, o legislador, o grito do injustiçado, as dissonâncias do social, mas nunca a justiça, porque sua vocação é "fazer" a justiça. Nesse sentido, apartadas as críticas epistemológicas, o juiz é um privilegiado operador do Direito, mas não o curador da Justiça.

---

[31] *Nosce te ipsum:* do latim, ou *Gnõthi seauton*, do grego, postulado socrático, cujo significado é: "conhece-te a ti mesmo".

2. Problemas atuais da psicologia com reflexos no direito: assédio moral e assédio sexual

2.1. Noções Introdutórias

Embora psicologia e direito sejam duas áreas do conhecimento humano que possuem o mesmo objeto de estudo, foi apenas no final do século XIX, na busca de compreender a veracidade de testemunho, que a psicologia e o direito começaram a se ligar mais efetivamente. A partir de então, a psicologia passou a ser reconhecida como um instrumento a serviço do direito, na construção de laudos e perícias, exames criminológicos e psicodiagnósticos.

Somente em meados do século passado, com a necessidade de se estabelecerem modelos multi, inter e transdiciplinares, o direito e a psicologia foram convidados a realmente dar as mãos, nascendo, assim, a Psicologia Judiciária (Jurídica, Forense ou Legal), cuja proposta passou a ser a construção de um novo território epistemológico denominado psicojurídico.[32]

Segundo Popolo, Psicologia Judiciária é

> El estudio desde la perspectiva psicológica de conductas complejas y significativas en forma actual o potencial para o jurídico, a los efectos de su descripción, análisis, comprensión, crítica y eventual actuación sobre ellas, en función de lo jurídico.[33]

---

[32] TRINDADE, Jorge. *Manual de Psicologia Jurídica para operadores do Direito*. 6ª ed. rev. e ampl. Porto Alegre: Livraria do Advogado, 2012; MYRA Y LOPEZ, Emílio. *Manual de Psicologia Jurídica*. Campinas: Péritas Editora, 2000.

[33] POPOLO, Juan H. del. *Psicologia judicial*. Mendonza: Ediciones Juridicas Cuyo, 1996, p 22.

A Psicologia Judiciária, uma disciplina ainda em construção, vem demonstrando, entre outras coisas, a importância do conhecimento sobre o campo humano para os operadores do direito e, em particular, para o magistrado. Um saber que, com certeza, pode torná-los melhor preparados para o exercício profissional.

A importância dos conhecimentos de psicologia no campo judiciário foi ressaltada pela Resolução n° 75 do Conselho Nacional de Justiça (CNJ) que, ao inserir no concurso da carreira da magistratura estudos humanísticos, destacou a Psicologia Judiciária como uma das disciplinas obrigatórias desta área.

Em vista disso, este capítulo visa a apresentar, brevemente, as categorias psicopatológicas que possuem maior influência no âmbito do Direto, seja na área civil, criminal, do trabalho, do direito da criança e do adolescente, de família etc., destacando, de forma mais aprofundada, as questões referentes ao Assédio Moral e ao Assédio Sexual.

2.2. Relações entre a psicologia e o direito: a psicologia judiciária

Como referido anteriormente, é inegável a estreita relação entre psicologia e direito. Mais fundamental, ainda, a existência do espaço comum que liga as duas áreas: a Psicologia Judiciária.

Conforme apontado pelo Colégio Oficial de Psicólogos de España,[34] a Psicologia Judiciária, como área de atuação da psicologia a serviço do direito, pode auxiliar nos mais diversos ramos da enciclopédia judiciária, como, por exemplo:

- **Direito de Família:** adoção, divórcio, disputa de guarda, regulamentação de visitas, destituição do poder familiar, violência intrafamiliar, Síndrome de Alienação Parental;[35]

[34] COLEGIO OFICIAL DE PSICÓLOGOS DE ESPAÑA. *Perfiles profisionales del psicólogo.* Madrid, p. 172, 1998.

[35] Síndrome de Alienação Parental (SAP) é um processo que consiste em programar uma criança para odiar um de seus genitores, sem motivo, até que este filho(a) ingresse ele mesmo nesse processo de desmoralização do outro cônjuge.

- **Direito da Infância e Adolescência:** situações de abandono, risco, abuso, violência, negligência, depoimento com redução de dano, medidas protetivas e socioeducativas, oitiva de crianças vítimas de abuso sexual, estudo da família, avaliações psicológicas do estado emocional da criança ou do adolescente;
- **Direito Civil:** casos de interdição em geral, indenização, anulação de atos da vida civil por incapacidade do agente – doença mental –, dano moral, entre outras ocorrências cíveis;
- **Direito do Trabalho:** acidente de trabalho, indenização, condições do trabalho, perfil e diagnóstico do trabalhador, dano moral, dano por assédio moral e assédio sexual no trabalho, síndrome de *Burnout*,[36] avaliação do estresse no trabalho;
- **Direito Penal:** exames de corpo de delito, insanidade mental, inimputabilidade, responsabilidade penal diminuída, conduta criminal, personalidade do réu, fatores de risco para reincidência, casos de pedofilia, psicopatia, transtorno delirante, jogo patológico, toxicodependência, esquizofrenia, retardo mental, dentre outros;
- **Direito Penitenciário:** execução das penas restritivas de liberdade, reinserção social, penas alternativas, intervenções junto a reclusos;
- **Direito Administrativo:** auxílio técnico nos processos de seleção de candidatos e de acompanhamento de funcionários públicos, realização de exame psicotécnico, problemas de conduta de funcionários, avaliação de personalidade e de ajustamento ao cargo, acompanhamento em sindicâncias, processos administrativos que envolvam questões controvertidas de natureza emocional, desligamento de funcionário público, exoneração, acompanhamento em processos disciplinares etc.
- **Direito Processual:** estudo da vítima, das testemunhas, dos jurados etc.

[36] Processo de desgaste, semelhante a estar queimando por dentro, em decorrência das condições desfavoráveis de trabalho, geralmente exercido sob forte pressão.

De forma geral, a psicologia ainda pode auxiliar em todos os ramos do direito através da:

• **Psicologia do Testemunho:** acompanhamento da prova testemunhal em qualquer etapa do processo, verificação de depoimentos, confrontação e veracidade, falsas memórias;

• **Vitimologia:** atenção e proteção às vítimas, intervenções nos processos de vitimização e criação de medidas preventivas;

• **Mediação:** como terceiro imparcial nos processos de mediação ou, ainda, na formação de mediadores.

• **Autópsia Psicológica:**[37] avaliação retrospectiva diante de informação de terceiros, documentos e outros achados;

• **Magistratura:** em relação aos magistrados de todas as esferas e instâncias, o conhecimento da dinâmica psicossocial das decisões judiciais, fornecido com o auxílio da psicologia, é vital para que o processo de gênese das decisões e da criação do direito, que se opera com a aplicação da lei ao caso concreto, seja adequadamente orientado pelo instrumental técnico oferecido pela lei, pela doutrina e pela jurisprudência, mas também consentâneo com os aspectos sociais e emocionais do magistrado enquanto pessoa.

É inegável, no entanto, que, apesar das diferentes possibilidades de atuação da psicologia no meio jurídico através das diversas áreas do direito, ainda hoje a psicologia se dedica, acima de tudo, à elaboração de laudos e perícias que, conforme Caires, é uma forma de colaborar com os magistrados para uma maior elucidação dos casos judiciais.

> A perícia, no entanto, não se reduz a mero meio de prova, pois tem como função instruir e subsidiar tecnicamente as teses das partes e sentenças dos juízes. Há necessidade da atuação da psicologia jurídica sempre que aspectos psíquicos ou psicológicos forem suscitados ou

[37] "O método de autópisia psicológica destina-se a esclarecer casos de morte duvidosa, não do ponto de vista médico (físico), mas das razões psicológicas que podem estar associadas à morte, e, nesse aspecto, pode ser um instrumento de investigação importante na criminologia e na vitimologia, quando se trata, por exemplo, de estabelecer até que ponto a vítima pode ter provocado as circunstâncias que resultaram em sua morte". TRINDADE, Jorge. *Manual de Psicologia Jurídica para operadores do Direito.* 6. ed. rev. e ampl. Porto Alegre: Livraria do Advogado, 2012.

> como fatos jurídicos ou como fatores de extinção, modificação ou constituição da convicção acerca da conduta *sub judice*.[38]

Nesse sentido, tanto por parte do jurista, quanto por parte do psicólogo, é fundamental compreender que a mera produção de um laudo nos moldes clínicos pode gerar sentenças equivocadas, principalmente devido à dificuldade de compreensão da linguagem específica, fazendo com que se crie uma verdadeira Torre de Babel e, dessa forma, gerando um sentimento de descrédito quanto à importância do trabalho prestado pela psicologia ao mundo do direito. Sendo assim, tanto os operadores do direto devem colaborar na elaboração de quesitos compreensíveis à linguagem leiga, quanto a psicologia têm de se desprender de seu discurso técnico na produção de seus documentos (laudos, pareceres etc.).

A Psicologia Jurídica deve, ainda, ser entendida como uma disciplina transcendente ao direto e à psicologia. O psicólogo perito, por exemplo, deve utilizar os seus conhecimentos de psicodiagnóstico, mas sempre tendo em mente que as alterações de comportamento, no meio jurídico, não são apenas individuais, implicando, também, uma interferência no meio social e, por isso, necessitando da intervenção da lei. Segundo Santos:

> Trata-se de uma parceria psicologia–direito que partilha os componentes psicológicos (cognitivos, intelectuais e de personalidade); os sociais (capacidade de adesão às normas e aos limites sociais, capacidade de adaptação social, grupo étnico, grupo social e fatores de risco); e os jurídicos (grau de periculosidade, grau de responsabilidade e enquadramento em programas reeducativos). É uma área que extrapola os horizontes da ciência psicológica ao incorporar tais componentes sociais e jurídicos ao caso específico.[39]

Sendo assim, espera-se que o direito e a psicologia, ao andarem lado a lado, favoreçam não apenas a compreensão, mas, principalmente, a tomada de decisões sobre temas considerados de relevância na sociedade atual.

---

[38] CAIRES, M. A. F. *Psicologia jurídica*: implicações conceituais e aplicações práticas. São Paulo: Vetor, 2003, p. 17.

[39] SANTOS, Murili Angeli Dias dos. *Psicologia jurídica*: implicações conceituais e aplicações práticas. Disponível em: http://pepsic.bvs-psi.org.br/pdf/psicousf/v10n2/v10n2a13.pdf. Acesso em: 18. set.2009.

2.3. Noções de psicopatologia

Não há linha mais tênue do que aquela
que divide o normal do patológico.

A Psicopatologia pode ser definida como o estudo descritivo dos fenômenos psíquicos de cunho anormal, exatamente como se apresentam à experiência imediata, de forma independente dos problemas clínicos. Assim, a psicopatologia busca compreender os gestos, os comportamentos e as expressões dos sujeitos através da observação, relatos e autodescrições, diferenciando os processos psíquicos normais dos patológicos.[40]

O embate da psicopatologia envolve a necessidade de generalizar aspectos comuns para poder definir critérios válidos a toda uma gama de manifestações sem, no entanto, abandonar a particularidade, a singularidade e a subjetividade[41] de cada indivíduo. O limite consiste em criar conceitos psicopatológicos sem jamais poder reduzir o indivíduo a eles.[42]

> Uma classificação deve ser antes de tudo um compromisso prático. Em suma, a abordagem empírico-pragmática das entidades psicopatológicas reivindica elaborar, unicamente a partir da observação direta dos fenômenos em questão, um sistema de classificação independente de qualquer a priori teórico. Isso significa deixar de lado os problemas etiológicos e centrar-se na nosografia. A grande crítica que se faz a esta abordagem é o fato de não levar em conta a subjetividade tanto daquele

[40] BAUMGART, Amália. *Lecciones Introductorias de Psicopatologia.* 2ª ed. Buenos Aires: Eudeba, 2006.

[41] "A subjetividade é a síntese singular e individual que cada um de nós vai construindo conforme vamos nos desenvolvendo e vivenciando as experiências da vida social e cultural; é uma síntese que nos identifica, de um lado, por ser única, e nos iguala, de outro lado, na medida em que os elementos que a constituem são experienciados no campo comum da objetividade social. Esta síntese – a subjetividade – é o mundo de ideias, significados e emoções construído internamente pelo sujeito a partir de suas relações sociais, de suas vivências e de sua constituição biológica; é, também, fonte de suas manifestações afetivas e comportamentais". BOCK, A. M. B., FURTADO, O., TEIXEIRA, M. L. *Psicologias*: uma introdução ao estudo de psicologia. São Paulo: Saraiva, 1999, p. 23.

[42] JASPERS, Karl. *Psicopatologia Geral – Psicologia compreensiva, explicativa e fenomenológica.* 8ª ed. São Paulo: Atheneu, 2003.

que está sendo "classificado" quanto daquele que classifica: o olhar de quem olha não é imune à sua própria organização subjetiva.[43]

Feita essa ressalva, na qual se destaca a necessidade dos cuidados na utilização das classificações, cabe salientar que a tipificação clínica dos distúrbios psíquicos torna-se fundamental como forma de prever e antecipar as consequências de qualquer doença, assim como é um importante meio de comunicação e entendimento entre os profissionais da área da saúde. Com o objetivo de suprir essas necessidades, foram criados manuais de critérios diagnósticos através dos quais se pode estabelecer uma linguagem comum que permita agrupar sintomas e definir padrões reconhecíveis de comportamentos.

> Os manuais de critérios diagnósticos propõem uma definição empiro-pragmática das entidades nosográficas. Neles busca-se, acima de tudo, o ideal de um acordo mínimo com relação à delimitação formal e operacional das categorias diagnósticas empregadas. Objetiva-se a criação de uma nomenclatura única que forneça uma linguagem comum a pesquisadores e clínicos de diferentes orientações teóricas.[44]

Atualmente, os profissionais da área da saúde reconhecem da mesma maneira um portador de transtornos mentais ou psíquicos a partir de dois sistemas classificatórios das doenças mentais e que foram desenvolvidos, respectivamente, pela Organização Mundial de Saúde (OMS) e pela Associação Psiquiátrica Americana (APA).

O primeiro é o CID-10,[45] publicado em 1992, que contém a 10ª revisão do capítulo sobre Transtornos Mentais e de Comportamento. Todas as tradições e escolas da psiquiatria estão ali representadas, o que dá a essa codificação o caráter internacional. A classificação e as diretrizes foram produzidas e testadas em muitas línguas. Nela os transtornos mentais estão elencados em 11 categorias maiores, compreendendo 99 tipos de doenças mentais. É oferecida uma

[43] CECCARELLI, Paulo Roberto. A contribuição da Psicopatologia Fundamental para a Saúde Mental. *Revista Latinoamericana de Psicopatologia Fundamental*. São Paulo. VI, I, março 2003, 13-25.

[44] EY, Henry; BERNARD, P.; BRISSET, C. *Manual de Psiquiatria*. São Paulo: Livraria Atheneu, 1985, p. 4.

[45] ORGANIZAÇÃO MUNDIAL DA SAÚDE. CID-10 *Classificação Estatística Internacional de Doenças e Problemas Relacionados à Saúde*. 10ª rev. São Paulo: Universidade de São Paulo, 1997.

seção com as descrições clínicas e diretrizes diagnósticas que se mostra útil a diversas áreas profissionais, incluindo a área jurídica. A CID-10 é composta por três (3) volumes.

1. O primeiro volume contém a classificação propriamente dita (lista tabular) com os respectivos códigos;
2. O segundo apresenta as orientações, guias e regras para o usuário, bem como as definições estatísticas e codificações de morbidade e mortalidade;
3. O terceiro volume vem subdividido em três seções:

- Seção I – Índice Alfabético de Doenças e Natureza da Lesão;
- Seção II – Índice Alfabético de Causas Externas da Lesão;
- Seção III – Tabela de Drogas e Compostos Químicos.

Um outro sistema de classificação é o DSM – *Diagnostical and Statistical Manual of Mental Disorders* –,[46] Editado pela Associação Americana de Psiquiatria (APA). O DSM oferece critérios de diagnóstico das perturbações mentais, incluindo componentes descritivos de diagnóstico e tratamento, descrevendo prevalências e incidências e possibilitando a verificação de diagnósticos diferenciais. Atualmente, encontra-se na quarta edição revisada, com a nomenclatura DSM-IV-TR, configurando um manual mais específico, completo e complexo.

2.3.1. *O exame das funções mentais*

O Exame do Estado Mental é um processo de avaliação que objetiva, como o próprio nome diz, verificar o estado mental do sujeito, o que, junto com os demais dados (queixa, anamnese, situação familiar etc.), possibilita a compreensão do estado de saúde psíquica do indivíduo.

A seguir, apresentamos resumidamente alguns dos critérios a serem avaliados no exame das funções mentais:[47]

---

[46] ASSOCIAÇÃO AMERICANA DE PSIQUIATRIA. DSM IV-R. *Manual diagnóstico e estatístico de transtornos mentais*. Porto Alegre: Artmed, 1998.

[47] KAPLAN, H. I.; SADOCK, B. J.; GREEB, A. J. *Compêndio de psiquiatria, ciência do comportamento e psiquiatria clínica*. Rio de Janeiro: Artmed, 2003.

• **Aparência e comportamento:** consciência, vestimenta, idade cronológica e idade aparente, postura, anomalias físicas etc.

• **Atitude com o entrevistador**: se é cooperativa, colaboradora, espontânea, hostil, desconfiada, regredida, reservada etc.

• **Psicomotricidade:** agitação, lentidão, tremor, tiques, compulsões, movimentos anômalos etc.

• **Afeto e humor:** mania, depressão, ansiedade, eutimia, raiva, euforia, apatia, disforia, apreensão etc.

• **Pensamento**[48] **e fala:** afasia, fluência, repetição, compreensão, nomeação, leitura etc.

• **Percepção:** ilusões, alucinações, desrealização, despersonalização, *déjà/jamais vu* etc.

• **Orientação:** auto e alopsíquica, tempo, lugar, pessoa.

• **Cognição:** inteligência, atenção, memória, concentração, abstração e conceitualização, raciocínio etc.

• **Confiabilidade, julgamento e *insight*:** fidelidade nos dados transmitidos, capacidade de avaliar questões (bem e mal, certo e errado) e capacidade para discernir a verdadeira natureza de uma situação etc.

Por fim, é importante salientar, conforme indicam Solomon e Patch,[49] que o distúrbio mental, embora singular, está sempre alicerçado em uma inadaptação ou exacerbação do comportamento, causado por uma tensão interna ou externa que desorganiza o sujeito.

2.3.2. Neurose, psicose e perversão

A psicopatologia, de forma geral, está dividia em três grandes estruturas, **neurose**, **psicose** e **perversão**, que serão descritas de forma sucinta e muito simplificada, através

[48] Não existe como avaliar exclusivamente o pensamento, sendo este critério observado através da linguagem. Um indivíduo sem alterações no pensamento apresenta um discurso claro, preciso e organizado; através da fala demonstra persistência, organização e continuidade nas ideias, ou seja, adequação no curso, forma e conteúdo do pensamento.

[49] SOLOMON, Philip; PATCH, D. Vernon. *Manual de psiquiatra.* 12ª ed. São Paulo: Atheneu, 1975.

de linguagem leiga, objetivando, assim, uma breve noção de alguns aspectos de seu funcionamento.

1) Neurose: nesta estrutura de funcionamento, o psiquismo encontra-se ligado à realidade. A personalidade geralmente está socialmente adaptada, sendo os sintomas, quando existentes, reconhecidos como patológicos, embora nem sempre a pessoa seja capaz de associá-los a dificuldades de ordem emocional.[50] De uma maneira um pouco mais técnica, conforme teorizado pelo pai da psicanálise, Sigmund Freud,[51] pode-se dizer que a neurose ocorre quando existe um conflito entre ego e *id*, e os assim chamados mecanismos de defesa constituem o modo através do qual o ego impede a demanda de impulsos instintivos e inaceitáveis produzidos pelo *id*.

Eis alguns exemplos de psicopatologias associadas à neurose:[52]

a) Neurose obsessivo-compulsiva: o indivíduo possui uma personalidade rígida, é moralmente correto, asseado, pontual, controlador. Apresenta compulsão nas atividades e humor limitado.

b) Neurose histérica: o indivíduo necessita sentir-se o centro das atenções, não tolera ser desprezado. Possui gosto pela sedução, erotismo, sensibilidade estética e a apreciação por parte dos demais.

c) Neurose fóbica/síndrome do pânico: caracteriza-se pelo temor excessivo e/ou evitação do objeto inofensivo, ao qual a fobia está direcionada. Geralmente o sujeito está bem adaptado, apresentando reações e desorganização apenas quando o estímulo que causa a fobia está presente. Têm uma maior predisposição para desenvolver quadros deste gênero sujeitos que apresentam inibição (timidez, baixa autoestima) e hiperemotividade (ansiedade e temor).

---

[50] JASPERS, Karl. *Psicopatologia Geral – Psicologia compreensiva, explicativa e fenomenológica*. 8ª ed. São Paulo: Atheneu, 2003.

[51] FREUD; Sigmund. A perda da realidade na neurose e psicose. (1924). In *Obras completas*. Rio de Janeiro: Imago, 1987, volume XIX, pp. 229-38.

[52] ASSOCIAÇÃO AMERICANA DE PSIQUIATRIA. DSM IV-R. *Manual diagnóstico e estatístico de transtornos mentais*. Porto Alegre: Artmed, 1998.

d) Neurose hipocondríaca: Sua característica essencial é uma preocupação constante com a presença eventual de uma ou de várias doenças reais ou imaginárias. O sujeito manifesta queixas recorrentes e persistentes ou uma preocupação duradoura com a sua aparência física. Sensações e sinais físicos normais ou triviais são frequentemente interpretados como anormais ou perturbadores. A atenção do sujeito é focada na doença ou na possibilidade de adoecer.

2) Psicose: o indivíduo apresenta um maior comprometimento psíquico. Os sintomas, embora sejam em algum nível percebidos como reais, não são aceitos, resultando na criação de uma nova realidade, um mundo à parte que só é reconhecido pelo próprio sujeito. Os sintomas incluem alucinações e delírios (distúrbios de sensopercepção e pensamento). Pode-se dizer que a psicose, em tese, incapacita o sujeito, tornando impossível construir uma vida laboral ou até mesmo familiar, devido a perturbações de autopreservação. Sendo assim, pode-se também pensar na psicose como o desfecho de um distúrbio entre o ego e o mundo externo, ou seja, o ego, a serviço do *id*, acaba por romper com fragmentos da realidade.[53]

As psicoses, resumidamente, podem ser organizadas da seguinte maneira:

a) Esquizofrenia: a palavra *esquizofrenia* vem de Esquizo = cisão/divisão e Frenia = personalidade/alma, ou seja, representa a ruptura com a realidade. Os esquizofrênicos possuem comportamentos bizarros ou estranhos, geralmente se isolam devido à dificuldade de socialização, podendo apresentar comportamentos sexuais inadequados e agressividade.

b) Paranoia: O sujeito com personalidade paranoide apresenta desconfiança e delírios de perseguição. É rígido, inadaptado, reservado, o humor é instável, tem poucos amigos em razão dos sentimentos persecutórios. O conteúdo dos delírios pode envolver também sentimentos de grandeza e pensamentos dessa ordem, nos quais o sujeito

[53] SPOERRI, T. H. *Manual de Psiquiatria, Fundamentos da Clínica Psiquiatra*. 8ª ed. Rio de Janeiro: São Paulo: Livraria Atheneu, 1988.

acredita que deve salvar o mundo messiânico ou que recebeu uma mensagem divina a qual somente ele detém o saber e, por isso, é perseguido.

c) Psicose maníaco-depressiva: O sujeito oscila entre os ciclos de mania (euforia extrema) e depressão (tristeza profunda) Na fase maníaca, apresenta grande energia, atividade incessante e bem-estar exagerado. A impulsividade e a excitação motora podem ser acentuadas, e suas ideias de grandiosidade e invencibilidade estão presentes e se manifestam através de um falar quase ininterrupto (taquilalia). Seu juízo parece desordenado, e a capacidade para concluir os pensamentos está diminuída. Esses comportamentos se contrapõem àqueles presentes na fase depressiva, que se caracteriza por uma condição emocional dolorosa, na qual o sentimento é de autodegradação, culpa, merecimento da desgraça, desesperança e desespero. A ideação suicida geralmente está presente. O pensamento e a linguagem tornam-se lentos (bradipsiquismo e bradilalia).

3) Perversão: a expressão deriva do verbo latino *pervertere* e significa corromper, desmoralizar, depravar, ou seja, configura a necessidade do sujeito tirar proveito do outro, manipulando-o, desmoralizando-o. O sujeito perverso não respeita normas e regras, transgride valores em benefício próprio. A perversão pode ser compreendida através das parafilias, que designam o conjunto de comportamentos psicossexuais atípicos na obtenção do prazer e representam desvios da sexualidade (pedofilia, necrofilia, fetichismo, voyerismo, sadismo, masoquismo e exibicionismo). Na perversão, o ego torna-se incapaz de mediar o *id* e o superego, permitindo que o sujeito fique regido pelo princípio do prazer, sem que o superego consiga exercer sua função. Simplificadamente, pode-se dizer que a perversão é caracterizada pela ausência ou debilidade do superego, e, portanto, de sentimento de culpa. As personalidades perversas são incapazes de reparação.

2.4. Assédio moral

> "O assédio moral é como um assassinato psíquico, um processo contínuo de agressões que destroe lentamente a dignidade do sujeito".
> (Hirigoyen, 1998, p. 11).

2.4.1. Conceitualização

Embora o assédio moral não seja um comportamento decorrente do mundo novo, foi somente em 1998, com a publicação do livro da francesa Marie-France Hirigoyen, que o debate a este respeito se expandiu para a mídia e se tornou difundido.

O assédio moral é, de acordo com a definição de Fiorellli, Fiorelli e Malhadas, "uma forma de coação social, que pode se instalar em qualquer tipo de hierarquia ou relação que se sustente pela desigualdade social e pelo autoritarismo".[54] Sendo assim, pode-se supor que o assédio moral existe em toda a parte e desde os primórdios da civilização humana, desde que se estabeleceu a noção de trabalho, ou desde que o homem se concebeu como um animal social.[55]

Se o assédio moral é um fenômeno antigo, somente agora adquiriu proporção e importância. Ao que parece, esse aspecto pode estar relacionado com a reorganização das questões do trabalho e com o desenvolvimento de um novo cenário empresarial, no qual as relações se dão de forma predominantemente comercial. As vivências dentro das organizações passaram de um caráter quase familiar para um modelo individualista, no qual os vínculos se sustentam, na maioria das vezes, com base no interesse próprio e na disputa competitiva com os outros.

Essa concepção está alicerçada na exploração do trabalho, que permanentemente promove a redução dos salários e o aumento da produtividade e, consequentemente, estabelece elevado nível de competitividade, tornando o

---

[54] FIORELLI, José Osmir; FIORELLI, Maria Rosa; MALHADAS, Marcos Julio Olivé. *Assédio Moral*: uma visão multidisciplinar. São Paulo: LTr, 2007, p. 40.

[55] HIRIGOYEN, Marie-France. *Mal estar no trabalho: redefinindo o assédio moral.* Rio de Janeiro: Bertrand do Brasil, 2002b.

mercado cada vez mais concorrido e seletivo. Nesse contexto, os benefícios e os direitos do trabalhador vêm se modificando, e as relações trabalhistas se estabelecem de maneira cada vez mais conflitiva. Sendo assim, é na dicotomia entre a necessidade do trabalho e a competitividade que se cria o espaço no qual a dignidade passa a ser um valor secundário, surgindo o assédio moral, um comportamento perverso em que os fins justificam os meios.[56]

O conceito de assédio moral,[57] como se pode verificar, é bastante amplo e subjetivo, abrangendo diversas vertentes e contextos. A junção do termo *assédio* – do latim *obsidere*, pôr-se adiante, sitiar, atacar, que indica uma função comportamental com desenvolvimento psicológico – à palavra *moral* – tão explorada pelo direito, originária do latim *mos* ou *mores*, costume, no sentido de normas e regras adquiridas através de hábitos – visa a compreender uma conduta abusiva (atitude, comportamento, gesto, palavra) que, por sua repetição e sistematização, atenta contra a dignidade psíquica ou física de uma pessoa, causando danos à inte-

[56] CHANLAT, Jean-François. Por uma antropologia da condição humana nas organizações. In: CHANLAT, Jean-François (Coord.) *O indivíduo na organização: dimensões esquecidas.* São Paulo: Atlas, v.1, p. 21-45, 1996.

[57] ASSÉDIO MORAL. CONFIGURAÇÃO. Define-se o assédio moral – ou *mobbing* – como a atitude abusiva, de índole psicológica, que ofende repetidamente a dignidade psíquica do indivíduo, com o intento de eliminá-lo do ambiente laboral. Provando-se que o preposto do empregador arquitetou um plano para que o trabalhador, diante da perseguição de seus superiores, fosse colocado em xeque o tempo todo, resta configurado o comportamento empresarial causador do assédio moral. Ao contrário do que agita o reclamado, não é necessária a intenção em prejudicar, com a sua atitude, o empregado. O Código Civil adotou a teoria da responsabilidade civil, com substrato no parágrafo único do artigo 927, dentro da modalidade do "risco ocupacional". Seja qual for a forma, assume o empregador o risco pelo tratamento dispensado aos empregados. Some-se à discussão que o próprio descumprimento das normas de respeito e de conduta civilizada nas relações de trabalho, em razão do tratamento opressivo, já se mostra capaz de atrair culpa, dentro de responsabilidade subjetiva, ainda que presumida, por parte do empregador que não as observa a contento. Essa pressão inconsequente pelo aumento da produtividade e do lucro, denominada de terror psicológico por alguns modernos autores da doutrina juslaboralista, constitui-se em assédio moral, fragilizando o trabalhador, dia-a-dia, sugando a sua energia física e moral, bem como a sua autoestima, violando a sua dignidade humana e o tratando como se fosse mais um insumo banal da produção capitalista, em clara ofensa aos princípios fundamentais da República Federativa do Brasil (CF, artigo 1º, incisos III e IV). Recurso empresarial conhecido e desprovido. TRT 588.2006.010.00-8/RO – Acórdão 3ª Turma do TRT 10. Relator: Juiz Grijalbo Fernandes Coutinho. Publicado no DJ de 29.06.07, p. 40.

gridade e colocando em risco o emprego ou degradando o ambiente de trabalho.[58]

Um fator fundamental do assédio moral envolve a necessidade de se explicitar as diferenças que existem em relação a outras condições, tais como situações conflitivas ou estressantes, más condições de trabalho e imposições profissionais que, embora gerem desgaste ao trabalhador, não apresentam a má intenção do assediador para com o assediado.

Outro diferencial significativo para a caracterização do assédio moral refere-se à repetição das atitudes degradantes. Eventos isolados, desavenças esporádicas ou agressões pontuais não chegam a configurar assédio moral.

De acordo com Lippmann, faz-se necessário identificar falsas queixas de assédio moral e evitar a perda da credibilidade dos casos reais de assédio moral. As falsas queixas caracterizam-se pela intenção de um sujeito extrair proveito de uma condição, colocando-se na posição de vítima e criando situações que representem assédio na tentativa de conseguir benefício próprio. A intencionalidade dessa ação, no entanto, nem sempre se dá de forma clara e proposital, podendo fazer parte de um processo inconsciente de deslocamento no qual o sujeito acaba por colocar no outro a responsabilidade de um conflito que é seu, esperando que este ressarça suas necessidades e, assim, amenize seus prejuízos.[59]

Nesse sentido, com o objetivo de permitir a compreensão didática e possibilitar uma maior precisão no diagnóstico dos casos de assédio moral, apresentamos uma breve relação dos critérios fundamentais que o caracterizam:[60]

- Dano à dignidade do trabalhador;
- Padrão repetitivo dos comportamentos degradantes;
- O agressor apresenta intencionalidade nos seus atos;

[58] THOME, Candy Florencio. *O Assédio Moral nas relações de emprego*. São Paulo: LTr, 2008.

[59] LIPPMANN, Ernesto. *Assédio Sexual nas Relações do Trabalho*. São Paulo: LTr, 2001.

[60] HIRIGOYEN, Marie-France. *Assédio moral: a violência perversa do cotidiano*. 5ª ed. Rio de Janeiro: Bertrand do Brasil, 2002a.

• A conduta é abusiva e se manifesta através de comportamentos;

• Os atos são premeditados por parte do agressor;

• Ocorre a fragilização da vítima;

• Resulta em neutralização do poder ou ganho secundário.

Além disso, cabe ainda analisar outras terminologias que, muitas vezes, podem ensejar confusão com assédio moral e, embora em alguns países seja bastante comum a indissociação desses termos, cada qual possui uma peculiaridade, que não deve ser negada.

A expressão *mobbing*, por exemplo, envolve, mais diretamente, perseguições coletivas e desvios que podem, inclusive, resultar em violência física. A denominação *bullying*, por sua vez, possui um caráter de agressão (física, comportamental ou verbal) mais individualizada e, atualmente, é utilizada para referências do ambiente escolar.[61]

2.4.2. *Características do assédio moral*

O assédio moral, na maioria das vezes, inicia-se por um simples ato associado a um fato corriqueiro, que passa despercebido pela vítima e pelas pessoas do entorno. Ao longo do tempo, o agressor intensifica seu comportamento, fazendo com que o grupo e a própria vítima passem, quase naturalmente, a aceitar a desvalorização imposta pelo agressor.[62]

Ao contrário do que se pode imaginar, o assédio moral nem sempre está associado à diferença hierárquica, podendo se estabelecer das seguintes formas:[63]

---

[61] HIRIGOYEN, Marie-France. *Mal estar no trabalho: redefinindo o assédio moral.* Rio de Janeiro: Editora Bertrand do Brasil, 2002b.

[62] FREITAS, Maria Ester de. Assédio moral e assédio sexual: faces do poder perverso nas organizações. *Revista de Administração de Empresas.* São Paulo: FGV, v. 41, nº 2, p.8-19, 2001.

[63] FIORELLI, José Osmir; FIORELLI, Maria Rosa; MALHADAS, Marcos Julio Olivé. *Assédio Moral*: uma visão multidisciplinar. São Paulo: LTr, 2007.

Vertical ascendente	Sujeito com hierarquia diferente	Do superior ao subordinado
Vertical descendente	Sujeito com hierarquia diferente	Do subordinado ao superior
Horizontal	Entre sujeitos da mesma hierarquia	Colegas de trabalho
Misto	Hierarquias iguais e diferentes	Superiores, subordinados ou colegas

Independentemente da forma como se estabelece o assédio moral, ele inicia, consciente ou incoscnientemente, com um sentimento de ameaça que a vítima causa no assediador. São inúmeros os motivos que levam o sujeito à prática do assédio moral:[64]

- Inveja por parte do agressor;
- Recusa da diferença;
- Medo (atacar antes de ser atacado);
- Questões econômicas;
- Evitar concorrência;
- Manter ou conquistar poder;
- Receber favores sexuais;
- Convicção religiosa;
- Inabilidade relacional.

O objetivo final do assédio moral é envolver e fragilizar a vítima, que passa a apresentar perda gradativa da confiança e da autoestima, principalmente por não acreditar mais em sua capacidade e competência no trabalho, fazendo com que se anule e não represente ameaça para o agressor. Cabe ressaltar que essa ameaça nem sempre é real, podendo fazer parte de um pensamento paranoico ou mesmo uma fantasia do agressor.

São diversas as formas de agressão utilizadas no assédio moral, as quais podem variar na sua intensidade e forma, de acordo com o ambiente de trabalho. Também a astúcia e conveniência do agressor podem modificar o assédio moral.

---

[64] BARRETO, Margarida Maria Silveira. *Assédio moral: a*to deliberado de humilhação ou uma "política da empresa" para livrar-se dos trabalhadores indesejados. Disponível em http://www.cremesp.org.br/revistasermédico/nova_revista/corpo.php?Materiald=40. Acesso em: 18 set. 2009.

Seguem alguns exemplos de comportamentos comumente utilizados pelo agressor para com a vítima de assédio moral:[65]

• **Recusar a comunicação direta**: É uma atitude muito sutil que deixa a vítima sem saber como reagir, principalmente por não explicitar abertamente o conflito. A vítima passa a se sentir deslocada, mas muitas vezes não compreende a situação e, via de consequência, não tem como reagir a ela.

• **Desqualificar**: Esta ação pode ser realizada abertamente através de verbalizações injustas, tais como: "você não sabe fazer nada, mesmo...", "Até um asno sabe fazer melhor...", ou, ainda, de forma não verbal, através do desprezo, olhares de desdém e suspiros. Se a vítima tenta se defender, o agressor tende a desqualificá-la ainda mais: "só alguém que nem você não percebe que é brincadeira...", "Já vai choramingar, não sabe nem brincar...", o que corrobora com a displicência dos colegas de trabalho na percepção das agressões.

• **Desacreditar**: O agressor constrói uma rede de intrigas, mal-entendidos, mentiras, calúnias e difamações a respeito da vítima, tanto com o objetivo de humilhá-la perante os demais, quanto com a intenção de colocar os outros contra ela (vítima). Novamente, a conduta tem implicações significativas na isenção de uma atitude por parte dos demais, uma vez que esses passam a ver as atitudes do agressor como merecidas pela vítima: "mas também, olha o que ele(a) fez...".

• **Isolar**: A vítima é excluída das atividades informais e até mesmo formais: passa a almoçar sozinha ou deixa de ser convidada para os convívios. Essas atitudes fazem com que a vítima se sinta insegura e fragilizada, não encontrando forças para se rebelar.

• **Constranger**: Atitudes que colocam a vítima em situações delicadas, tais como, obrigatoriedade de realizar trabalhos inúteis ou degradantes, ou, ainda, solicitar atividades inviáveis com objetivos intangíveis e esperar que a vítima se sinta compelida a tentar cumpri-las sem sucesso.

---

[65] HIRIGOYEN, Marie-France. *Assédio moral: a violência perversa do cotidiano.* 5ª ed. Rio de Janeiro: Bertrand do Brasil, 2002a.

• **Provocar equívoco**: Trata-se de estruturar estratégias para que a vítima realize seu trabalho de forma inadequada, fazendo com que se considere realmente culpada pelo equívoco. Tal comportamento, além de provocar uma diminuição da autoimagem da vítima, repercute no círculo social, fazendo com que os demais desvalorizem as qualificações da vítima.

Sendo assim, pode-se dizer que o assédio moral se dá através de um processo que inicia pelo sentimento de ameaça, real ou paranoico, de um assediador em potencial que busca uma vítima para direcionar seus ataques. A vítima é paulatinamente envolvida, e se não percebe as agressões a tempo de se defender, pode ficar entrelaçada na teia do agressor, até que os danos sejam irreparáveis, e o afastamento do meio laboral, inevitável.

Caso o processo venha a se desenvolver dessa maneira, o agressor bem-sucedido passa a ter mais motivação para repetir este comportamento, tornando o procedimento um círculo vicioso, como se pode observar pelo esquema que segue:

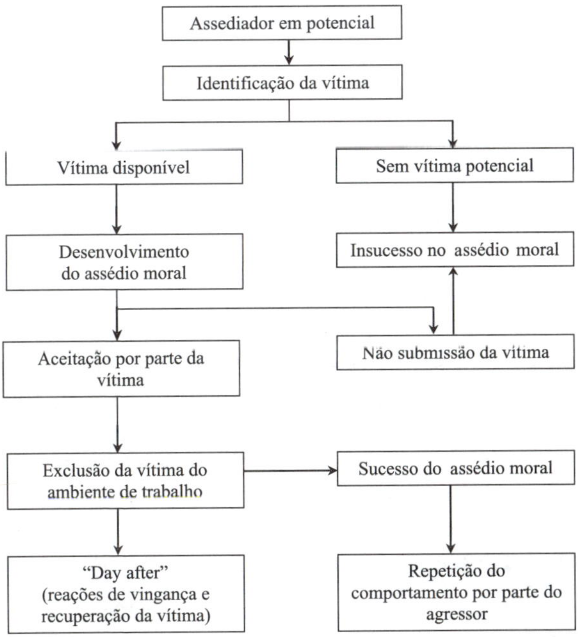

2.4.3. A vítima

Ao contrário do que supõe o imaginário popular, a vítima de assédio moral nem sempre é alguém frágil e permissível. Curiosamente, muitas vezes é aquela que apresenta boas condições de disputa e competência profissional e, por isso, faz com que o agressor se sinta ameaçado ou prejudicado por ela.

No entanto, após algumas investidas sistemáticas do agressor, a vítima passa, mesmo sem se dar conta, a apresentar diversos sintomas que resultam em problemas físicos ou psíquicos, que prejudicam seu funcionamento no trabalho, e podem, inclusive, implicar o afastamento total da vítima, objetivo supremo do agressor.

A seguir, arrolamos alguns sintomas apresentados por vítimas de assédio moral:

FÍSICOS	PSÍQUICOS
Distúrbios cardíacos	Depressão
Distúrbios endócrinos	Ansiedade
Distúrbios do sono	Estresse
Sudorese	Dependência química
Distúrbios digestivos	Tentativa de suicídio
Dor muscular	Alcoolismo
Diabetes	Síndrome de *Burnout*
Hipertensão	Paranoia
Perda das funções mentais	Morte súbita

2.4.4. O agressor

Embora não seja possível estabelecer claramente um perfil para o sujeito que pratica assédio moral, visto que este nem sempre possui uma personalidade perversa ou patológica, existem algumas características recorrentemente encontradas nos assediadores, sendo elas:[66]

- Traços narcisistas;
- Insegurança quanto a sua competência profissional;

[66] RUBIO, Ana Martos. *No puedo Más!*: las mil caras del maltrato psicológico. Madrid: Mercedes Rico Grau, 2003.

- Personalidade do tipo paranoica;
- Inveja e sentimento de ameaça por parte da vítima;
- Demonstram autoconfiança;
- Eficiência e eficácia, admirada pelos outros;
- Dificuldade em aceitar críticas;
- Ambição;
- Tendência em se aproveitar da situação;
- Ausência de empatia.

Além disso, pode-se dizer que, na maioria das vezes, o agressor possui uma personalidade manipuladora e habilidosa para desenvolver comportamentos predatórios. Como referido anteriormente, os assediadores tendem a apresentar uma capacidade peculiar de envolver as pessoas, fazendo com que os eventos passem despercebidos ou, o que é pior, tornando os demais colegas de trabalho cúmplices de seus atos, pelo envolvimento perspicaz. Essa competência também é utilizada quando o agressor é inquerido sobre sua conduta, ocasião em que costuma confundir a opinião até mesmo de profissionais experientes (médicos, juízes, educadores etc.), não raro, impedindo que sua ação seja vista como de alguém culpado.[67]

Como refere Dejours,[68] tais comportamentos aparecem de forma consolidada devido à carência de princípios morais e éticos que envolvem, prioritariamente, a falta de empatia e percepção crítica do grupo, no qual os interesses individuais se sobrepõem de forma maciça aos interesses sociais; as noções de regras, cultura e cooperação fraternal, que deveriam ter sido aprendidas na primeira infância, mostram-se deficitárias e/ou ineficientes.

Para ampliar tal situação, a falta de penalidade e de punição do assédio moral e a dificuldade em identificar e sinalizar concretamente os casos muitas vezes permitem ao agressor uma experiência de sucesso na qual as suas vantagens e benefícios se tornam ainda mais evidentes, fa-

[67] HIRIGOYEN, Marie-France. *Assédio moral:* a violência perversa do cotidiano. 5ª ed. Rio de Janeiro: Editora Bertrand do Brasil, 2002a.

[68] DEJOURS, Christophe. Uma nova visão do sofrimento humano nas organizações In: CHANLAT, Jean-François (Coord.). *O indivíduo na organização; dimensões esquecidas.* São Paulo: Atlas, v.1, p. 149-174, 1996.

zendo com que a repetição dos atos receba estímulo para novas situações.

2.4.5. *Danos causados*

Parece não haver dúvida quanto à necessidade de uma legislação específica para as questões vinculadas ao assédio moral. Ainda que a proteção legal não impeça o atentado, nem ressarça plenamente os danos causados, acredita-se que a regulamentação jurídica e a compreensão pedagógica do ato de assédio moral possua uma função disciplinadora.

A proteção jurídica faz-se fundamental, e essa preocupação mostra-se visível através da quantidade crescente de Leis, Projetos de Leis e discussões sindicais sobre a temática do assédio moral. No entanto, a dificuldade para identificar e dar legitimidade aos casos de assédio termina, muitas vezes, por se tornar um estímulo aos transgressores. Ainda assim, tem-se verificado um aumento crescente no número de denúncias e condenações por assédio moral.[69]

No Brasil, as leis referentes ao assédio moral estão tratadas na Administração Pública Estadual ou Municipal e são regidas pelas definições, competências e penalidades por elas determinadas. Por outro lado, cabe pensar que, embora legislar sobre direito do trabalho seja competência da União, as leis de assédio moral, devido ao seu caráter multifacetário, poderiam possuir uma competência concorrente dos Estados, Distrito Federal e Municípios, com maior atuação para as necessidades específicas ao se criar legislações no âmbito municipal.

De acordo com Fiorelli, Fiorelli e Malhadas,[70]

> O assédio Moral em si deve constituir uma totalidade, com leis e tendências específicas, interpretações que delimitem e estabeleçam suas fronteiras dos pontos de vista legal, físico, psíquico e social; ao mesmo tempo, ao se analisar cada caso, ele deve ser transposto para o plano individual, com objetivo de avaliar, efetivamente, sua abrangência,

[69] THOME, Candy Florencio. *O Assédio Moral nas relações de emprego*. São Paulo: LTr, 2008.

[70] FIORELLI, José Osmir; FIORELLI, Maria Rosa; MALHADAS, Marcos Julio Olivé. *Assédio Moral*: uma visão multidisciplinar. São Paulo: LTr, 2007.

quais foram suas consequências e o que fazer para prevenir novas ocorrências.

O assédio moral, como a própria nomenclatura sugere, caracteriza um dano de ordem moral. Entretanto, não pode se limitar a ele, uma vez que esse ocorre concomitantemente com outros, como, por exemplo, o dano psíquico, físico e patrimonial, tão relevantes quanto o dano propriamente moral.

O dano psíquico pode se apresentar tanto de forma subjetiva, ou seja, através de sintomas percebidos pelo indivíduo internamente (medo de sair de casa, sensação de falta de ar, tristeza, angústia), quanto forma objetiva, a partir de sinais que são facilmente percebíveis e mensuráveis (distúrbios do sono, perda ou ganho de apetite, aumento da pressão arterial).[71]

Independente da forma de manifestação, o dano psíquico, de maneira geral, acarreta a desorganização interna do sujeito, fazendo com que ele:

- Modifique seus comportamentos;
- Afaste-se do círculo de relações que possui;
- Torne-se cada vez mais impotente diante da situação;
- Impossibilite a execução das suas competências.

Ademais, se prolongado no tempo, o dano psíquico pode provocar modificações significativas de personalidade que podem evoluir para a configuração de transtornos mentais, o que, por vezes, pode vir a se tornar crônico e mesmo irreversível nos seus efeitos.

2.5. Assédio sexual

A noção de igualdade entre os sexos é deveras recente e configura-se por um fenômeno estabelecido na sociedade moderna ao qual se pode dizer que, até hoje, ainda não se encontra plenamente concretizado.

O assédio sexual, tal como o assédio moral, sempre existiu, mas somente em tempos recentes, com noção da equidade entre os sexos, passou a ser visto como um "pro-

[71] HIRIGOYEN, Marie-France. *Mal estar no trabalho:* redefinindo o assédio moral. Rio de Janeiro: Bertrand do Brasil, 2002b.

blema" que merece suporte legal, devendo ser discutido, julgado e penalizado.

No Brasil, esse pensamento é tão atual, que somente em 2001 foi introduzido, no Código Penal, através da Lei n° 10.224, (Decreto-Lei n° 2.848, de 1940), no Capítulo dos Crimes contra a liberdade Sexual, o delito de assédio sexual, com a seguinte redação, *in verbis*:

> Art. 216-A. Constranger alguém, com intuito de obter vantagem ou favorecimento sexual, prevalecendo-se o agente da sua condição de superior hierárquico ou ascendência inerentes ao exercício de emprego, cargo ou função: pena – detenção, de 1 (um) a 2 (dois) anos.

Sendo assim, segundo Tago,[72] pode-se definir assédio sexual como um comportamento que implica:

> Avanços sexuais indesejáveis, "pedidos" de favores sexuais ou outra conduta verbal ou física de natureza sexual, sendo que tal conduta é feita explicita ou implicitamente como uma condição para a permanência ou contratação ao emprego; além da submissão pode ocorrer a rejeição a tal conduta pelo assediado que é usada como base para a tomada de decisões, tais como despedida, mudança de cargo, redução de gratificações e outros, que afetem a vida funcional desse indivíduo. Essas investidas têm o propósito ou efeito de interferir injustificadamente com a performance da vítima no trabalho.

2.5.1. Características do assédio sexual

A questão central do assédio sexual está ligada à obrigatoriedade de submissão do outro, o que faz diferir o assédio do simples convite. Um convite, por mais indelicado que seja, permite uma recusa, enquanto o assédio sexual não. De fato, o assédio sexual implica intimação, algo que acua, não deixa alternativa. A obrigatoriedade de sua aceitação nem sempre está vinculada à obtenção de benefício, tampouco a uma gratificação, podendo também significar o temor daquilo que o assediador poderá fazer contra a vítima caso ela não venha a satisfazer a impostura contida em seu desejo sexual.[73]

---

[72] TAGO, Sângela Teiko. Assédio Sexual nas relações de trabalho. In *Revista Jurídica*. Dourados: UNIGRAN, v.4 n7 jan/jul., p. 143-158, 2002, p. 146.

[73] CHARAM, Isaac. *O estupro e Assédio Sexual*: como não ser a próxima vítima. Rio de Janeiro: Rosa dos Tempos, 1997.

Segundo ensinamento do professor Damásio de Jesus,[74]

> De acordo com a lei nova, o sujeito ativo do crime deve ser necessariamente superior hierárquico, excluindo aqueles que exercem a mesma função ou cargo inferior. Assim, o que caracteriza o assédio na legislação brasileira é, principalmente, a relação de sujeição da vítima, que não lhe permite, em certas circunstâncias, deixar de realizar a conduta a que está sendo constrangida sem que recaia sobre ela um grave malefício (seja em relação à perda do emprego, a uma promoção e, mesmo, à não-admissão laboral). (...) A relação de ascendência encontra-se vinculada a qualquer situação de superioridade, podendo ser incluída desde o relacionamento entre pais e filhos, como também aquela que, por exemplo, desenvolve-se no âmbito docente ou eclesiástico.

Tal ideia é reforçada pelas palavras de Ernesto Lippmann,[75] quando refere que a participação voluntária da vítima em manter relações sexuais com seu superior hierárquico descaracteriza o assédio sexual: "quem diz ter sido obrigada a consentir em fazer sexo com o superior para não perder o emprego, tendo praticado o ato repetidas vezes, não tem porque ser prestigiada pelo Direito. Neste caso, há cumplicidade e não humilhação. A atitude correta seria a oposta, ou seja, a resistência às pretensões do sedutor, e esta é a que merece uma reparação".

Segundo Ferreira Sobrinho,[76]

> O assédio sexual, por óbvio, é materializado em um comportamento comissivo do assediador, pelo que não se há de se pensar em assédio por omissão sob pena de a lógica ser agredida. (...) decisivo para o conceito de assédio sexual é o comportamento subseqüente à não aceitação da proposta de índole sexual. (...) se a outra parte não se mostra inclinada a aceitar essa proposta e mesmo assim continua sendo abordada na mesma direção, nesse momento surge a figura do assédio sexual.

Sendo assim, o assédio sexual sustenta-se, basicamente, em três pilares fundamentais:

---

[74] JESUS, Damásio E. de. *Assédio sexual*: primeiros posicionamentos. *Jus Navigandi*, Teresina, ano 5, n. 51, out. 2001. Disponível em: www.ambitojuridico.com.br/pdfsgerados/artigos/2552.pdf. Acesso em: 14 set. 2009.

[75] LIPPMANN, Ernesto. *Assédio Sexual nas Relações do Trabalho*. São Paulo: LTr, 2001, p. 27.

[76] FERREIRA SOBRINHO, José Wilson. Assédio sexual e justa causa. *Repertório IOB de jurisprudência*. São Paulo. IOB, fev. nº 4, 1996, p. 62.

1) Constrangimento ilícito através da imposição de algo contra a vontade da vítima;

2) Vantagem ou favor de natureza sexual;

3) Posição de superioridade do agressor em relação à vítima.

Complementando a questão, Paulo Viana de Albuquerque Jucá[77] refere que configura assédio sexual a conduta com conotação sexual para a qual não há receptividade, sendo repetitiva em se tratando de assédio verbal, e não necessariamente quando o assédio é físico, e que resulte num ambiente desagradável no trabalho, colocando em risco o próprio emprego, além de atentar contra a integridade e dignidade da pessoa, possibilitando o pedido de indenização por danos físicos e morais.

De acordo com Mary Cardone,[78]

> (...) a atitude de alguém que, desejado obter favores libidinosos de outra pessoa, causa a esta constrangimento, por não haver reciprocidade. (...) Se assédio e insistência, para que exista o comportamento que estamos pretendendo definir necessário se torna que haja freqüentes investidas do assediador junto à pessoa molestada.

Outro aspecto importante é o assédio sexual pressupor, necessariamente, um sujeito ativo (assediador) e um sujeito passivo (assediado), sendo que o sujeito ativo possui, obrigatoriamente, uma função hierárquica superior à da vítima, permitindo, assim, que sejam feitas ameaças ou chantagens que facilitem a vantagem sexual. Embora no assédio sexual o papel de assediador encontre uma predominância dos casos no sexo masculino, também existem relatos de mulheres que cometem assédio sexual.

Resumidamente, o relevante para a caracterização do assédio sexual é o estabelecimento de um comportamento com conotação sexual não desejado pela vítima e com reflexos negativos na sua condição de trabalho. O assediador tem uma conduta que compreende uma atitude física ou verbal de natureza sexual capaz de comprometer a dignidade do sujeito em seu trabalho.

---

[77] JUCÁ, Paulo Albuquerque Viana. *Revista Jurídica*. São Paulo: LTr, vol. 61, nº 2, fev. 1997.

[78] CARDONE, Mary. O assédio Sexual como justa causa. *Repertório IOB de Jurisprudência*. São Paulo. IOB, nº 23/24, v.6 fev, 2001.

Havendo a intenção de obter vantagem sexual associada à não aceitação da vítima, podem exemplificadamente caracterizar assédio sexual os seguintes comportamentos:

- Comentários sexuais: piadas, insinuações;
- Propostas de atividades sexuais: convites íntimos, passeios a lugares ermos;
- Elogios ostensivos: direcionados ao corpo da mulher;
- Aproximações inoportunas: roçadas, beliscões ousados ou carícias libidinosas;
- Exibição de fotos, filmes sugerindo atividades sexuais etc.

O assédio sexual pode-se estabelecer através da intimidação ou da chantagem. Intimidações são incitações sexuais inoportunas e/ou solicitações sexuais que têm como finalidade prejudicar a atuação laboral ou criar uma situação ofensiva ou hostil, que torna o ambiente de trabalho indesejado e prejudicial para a vítima. A chantagem, por sua vez, envolve ameaça do percurso do contrato de trabalho, impossibilitando promoções, transferências e/ou benefícios, ou, ainda, provocando a perda do emprego.

2.5.2. Diferenças entre assédio moral e assédio sexual

Como se pode observar, embora o assédio sexual configure uma forma de assédio moral, pois denigre o patrimônio moral do sujeito, existem algumas diferenças significativas entre eles, que devem ser levadas em conta no campo jurídico. Uma delas envolve a questão da incidência, podendo o assédio sexual ser uma atitude pontual, ou seja, ocorrer apenas uma única vez.

Outro aspecto diferencial importante é o assédio sexual, por vezes, estar associado a uma promessa de benefício ou vantagem, fazendo com que a vítima se sinta tentada a ceder aos desejos do assediador, visto que essa chantagem, no imaginário da pessoa ofendida, pode ser percebida como uma solução fácil e menos desgastante, negando, assim, os prejuízos e danos a ela vinculados.

A tabela que segue procura estabelecer alguns critérios diferenciais entre assédio moral e assédio sexual, facilitando a compreensão didática entre os dois institutos:

ASSÉDIO MORAL	ASSÉDIO SEXUAL
Objetiva a destruição da vítima;	Não visa a destruir a vítima, mas sim a possuí-la;
Só acaba quando produz danos psíquicos na vítima;	Pode se extinguir com o próprio relacionamento das partes;
Não oferece nenhum tipo de benefício para a vítima;	A vítima é chantageada e pode ser levada a acreditar que vai se "beneficiar" com a situação;
Necessita ser um comportamento recorrente;	Pode ocorrer uma única vez;
É fruto da inveja	É fruto da paixão, do desejo;
Pode ou não haver diferença hierárquica	Pressupõe uma diferença hierárquica

3. Teoria do conflito e os mecanismos autocompositivos, técnicas de negociação e mediação. Procedimentos, postura, condutas e mecanismos aptos a obter a solução conciliada dos conflitos

3.1. Teoria do Conflito

"Somente quando o Direito deixar de negar que os atos e fatos objetivos passam pelo inconsciente... poderemos estar mais próximos do ideal de justiça".

Rodrigo da Cunha Pereira

"A realidade tem sempre um valor subjetivo, porque é uma projeção do mundo exterior, que chega ao nosso eu deformada pelos nossos sentidos e por todos os nossos processos psíquicos".

Enrico Altavilla

O conflito é ínsito às relações humanas e representativo do sujeito. Por isso, compreender o ser humano na sua integralidade, o que significa também na sua conflitualidade, implica reconhecer sentimentos que não têm um sentido único, mas que, ao contrário, são, por sua própria natureza, polivalentes. Por consequência, as relações humanas são necessariamente constituídas de elementos conflitivos em toda a sua gama e amplitude, matriz e emocionalidade.

De acordo com Liane Busnello Thomé, "não há como negar a existência de sentimentos contraditórios nos conflitos, como amor e ódio, desejo e frustração, poder e submissão, mas não pode ser esquecida a autonomia de vontade presente nas escolhas do ser humano, da liberdade inerente a cada um de dirigir sua vida de forma consciente e responsável, enquanto plenamente capazes de determinar seus atos e escolhas".[79] Ademais, não se podem olvidar os aspectos inconscientes, com certeza os mais recônditos e determinantes.

Sob esse aspecto, oportuno considerar que as percepções[80] de cada ser humano são únicas, e sempre agregam valores, de modo que as impressões sensoriais adquirem o significado que o sujeito lhe atribui. Nos casos de conflitos interpessoais, em razão da singularidade que cada ser humano tem de atribuir significado às suas vivências e levando-se em consideração a sua estrutura psíquica, é oportuno conceber o humano como um sujeito instável, dinâmico e contraditório por natureza.

A imagem da alma humana perpassada por contradições constitutivas surge como o retrato fiel da concepção freudiana do homem, na qual observamos a presença irremediável de conflitos que fazem do mundo interior um campo de batalha. Não se pode viver sem estar, em alguma medida, em desencontro consigo mesmo, e não há apaziguamento absoluto que possa despontar no horizonte.[81]

Do ponto de vista psicológico, numa concepção psicanalítica, o conflito é proveniente de um processo inconsciente pelo qual energias psíquicas (pulsões) provenientes do *id* encontram obstáculos do *ego* e, em decorrência, são reprimidas, pelo superego, retornando, dessa forma, ao in-

---

[79] THOMÉ, Liane Maria Busnello. *Dignidade da Pessoa Humana e Mediação Familiar*. Porto Alegre, Livraria do Advogado, 2010, p. 111/112.

[80] "A percepção humana é variável e vulnerável a inúmeros fatores, sejam reais ou fantasmáticos, externos ou internos, conscientes ou inconscientes, patológicos ou simplesmente considerados normais no contexto da complexidade da existência humana". TRINDADE, Jorge. *Manual de Psicologia Jurídica para Operadores do Direito*. 6ª ed. Revista, Atualizada e Ampliada. Porto Alegre: Livraria do Advogado, 2012.

[81] FONTES, Flávio Fernandes. *O conflito psíquico na teoria de Freud*. São Paulo: Psyche, dez. 2008, vol. 12, nº 23, p. 1. ISSN 1415-1138.

consciente. Trata-se de um conflito entre *ego* e *id*, estando o *superego* do lado de um ou de outro.[82]

Sobre o tema, são oportunos os ensinamentos de Marilene Marodin e Stella Breitman:

> De acordo com a teoria psicanalítica, é o conflito intrapsíquico que impulsiona o conflito interpessoal, provocando algumas vezes interações caóticas que impossibilitam o diálogo. Cada um dos envolvidos narra a história com prevalência de sua percepção dos fatos que invariavelmente apresenta-se contraditória. Depreende-se daí a dificuldade de entender porque um problema simples adquire tanta importância em uma disputa entre oponentes que se apresentam aparentemente com os mesmos objetivos e pretensões. Somente a pluralidade das motivações inconscientes pode explicar a diversidade entre os objetivos das pessoas envolvidas. Assim, discussões radicais a respeito de determinado tema devem ser detalhadamente decodificadas, para que se tornem visíveis os interesses ocultos, e então seja possível compor uma negociação legítima entre as partes.[83]

Em síntese, podemos considerar que a formação do conflito pode ser compreendida como uma sequência onde energias psíquicas (desejos e instintos) entram em conflito com proibições de caráter interno, aqui consideradas as noções de internalização de lei, transgressão e culpa, onde o ego é ameaçado e as defesas são mobilizadas, podendo

[82] "O id é a instância pulsional do psiquismo, e seu conteúdo é totalmente inconsciente. Ele é o grande reservatório de impulsos e instintos. É irracional, ilógico e amoral. Consiste no conjunto de reações mais primitivas da personalidade humana, que compreende os esforços para conseguir satisfação biológica imediata, sem avaliar as conseqüências. Tenta impor seus desejos de satisfação imediata e irrestrita e, para conseguir o que deseja, precisa fazer uma negociação com o ego; O ego corresponde ao conjunto de reações que tenta conciliar os esforços e as demandas do id com as exigências da realidade, interna ou externa. Nesse aspecto, faz a mediação dos impulsos do id com o meio ambiente, permitindo ao sujeito olhar-se a si próprio. O ego apresenta uma função adaptativa e está presidido pelo princípio da realidade. O superego é a expressão da interiorização das interdições e exigências da cultura e da moralidade, representada pelos pais. É quase totalmente inconsciente, possuindo uma pequena parte consciente. É nele que se inscreve a lei primária. A lei de todas as leis, que é interna e propícia a cada pessoa valorar o que é bom ou mau, certo ou errado [...]. O superego tem uma função essencial, que é a de cuidado e proteção, mostrado ao ego o que é moralmente inaceitável ou perigoso à integridade física". TRINDADE, Jorge. *Manual de Psicologia Jurídica para Operadores do Direito*. 6ª ed., Atualizada e Ampliada. Porto Alegre: Livraria do Advogado, 2012.

[83] MARODIN, Marilene; BREITMAN, Stella. A Prática Moderna da Mediação: Integração entre a Psicologia e o Direito. In: ZIMERMAN, David; COLTRO, Antônio Carlos Mathias. *Aspectos Psicológicos na Prática Jurídica*. São Paulo: Millennium, 2008, p. 501.

acarretar a elaboração do conflito sob o aspecto de adaptação, formação de compromissos, sintomas[84] ou mudanças psíquicas.

3.2. Mecanismos autocompositivos: procedimentos, posturas, condutas e mecanismos aptos a obter solução conciliada dos conflitos

"O espírito de conciliação deve nortear os envolvidos nas disputas judiciais, uma vez que, por melhores que sejam as leis e a prestação da atividade jurisdicional, ninguém decide os conflitos mais adequadamente aos respectivos interesses do que os próprios litigantes. (...) O aperto da mão ao término da audiência, em que a conciliação foi atingida, representa o retorno das partes à normalidade social. O que mais poderiam pretender advogados e Juízes?"[85]

3.2.1. Noções Introdutórias

Quando um conflito é jurisdicionalizado, a sua resolutividade decorre da comprovação de uma hipótese fática para a aplicação de uma consequência jurídica específica. *É inquestionável que o principal objetivo da jurisdição, a sua essência, é seu caráter de pacificação. Nesse sentido, é salutar que se encontrem fórmulas de consenso para que a pretensão resistida chegue a bom termo, atingindo-se o ideal de justiça das partes.*[86]

A incerteza e os riscos dos conflitos[87] têm como base o inesperado, decorrente da inteligência das partes que vão

[84] Rüdiger Dahlke compreende a doença de um modo novo, construtivo. As doenças têm um significado simbólico que indicam conflitos não resolvidos da alma. Como uma ocorrência que tem sentido, a doença pode ser entendida e também superada. A pessoa atingida pela doença dá assim um passo rumo ao amadurecimento, à libertação e à verdadeira cura. Portanto, é preciso decifrar o significado da doença, dando os passos de desenvolvimento necessário no dia a dia. Com o resgate desse processo de conhecimento e de crescimento nos é conferida uma nova qualidade interior, uma personalidade mais amadurecida. DAHLKE, Rüdiger. *A doença como símbolo – pequena enciclopédia de psicossomática* – São Paulo: Editora Cultrix, 1996.

[85] SOUZA NETO, João Baptista de Mello e. *Mediação em juízo: abordagem prática para obtenção de um acordo justo.* São Paulo: Atlas, 2000, p. 101.

[86] TAVARES, Fernando Horta. *Mediação e Conciliação.* Belo Horizonte: Mandamentos, 2002, p. 17.

[87] Tipos de Conflitos: a) Conflito Latente: Não declarado e não há uma clara consciência da sua existência. Não precisam ser trabalhados; b) Conflito Percebido:

criando situações novas e a elas respondendo. A partir do momento em que esses conflitos são jurisdicionalizados, conforme comumente se observa, ocorre um processo de transferência de sentimentos de frustração, raiva, ou descontentamento com um fato específico, para os atos processuais, fazendo com que o processo seja uma forma de exteriorizar sentimentos contidos e malresolvidos, alimentando condutas cada vez mais litigiosas. Essa forma de conduzir o processo se torna um indicativo de empecilhos para solucionar de forma amena o conflito e a sua adequada elaboração entre as partes.

Devemos considerar que a jurisdição, enquanto atividade meramente substitutiva, irá dirimir o conflito sob o ponto de vista dos seus efeitos jurídicos, mas na imensa maioria das vezes não resolve o conflito interno dos envolvidos. Por não coincidir o processo psicológico, no aspecto temporal, com o processo judicial, muitas vezes a forma de exteriorizar questões internas mal-elaboradas e manter um vínculo com a outra parte ocorre durante o trâmite da demanda.

Ademais, há que se considerar que quando um processo encerra, a partir da sentença de mérito, uma das partes é vencida. Não raras vezes a parte que perde a sua pretensão deduzida em juízo transfere ao Poder Judiciário a responsabilidade pela frustração de suas expectativas, criando obstáculos para evitar ou dificultar a execução da sentença e fomentando novas lides.

Segundo Liane Thomé, "resta um hiato entre o desejo de cada parte de ser ouvida e compreendida no seu conflito quando ingressa no Judiciário e a solução imposta no julgamento[88]".

Diante desse contexto, muito se tem falado sobre os métodos alternativos para solução de controvérsias. Surgidos no meio dos negócios, tais métodos mostram-se efi-

Há a percepção da existência do conflito, embora não haja manifestações abertas do mesmo; c) Conflito Sentido: É aquele que já atinge ambas as partes, e em que há emoção de forma consciente; d) Conflito Manifesto: Conflito que já atingiu ambas as partes, já é percebido por terceiros e pode interferir na dinâmica da organização.

88 THOMÉ, Liane Maria Busnello. *Dignidade da Pessoa Humana e Mediação Familiar*. Porto Alegre: Livraria do Advogado, 2010. p.112.

cazes para finalizar demandas de complexidade variada, de forma mais célere e necessariamente com a participação efetiva das partes, o que possibilita uma forma satisfatória de autocomposição dos conflitos. Conforme leciona José Maria Garcez:

> Os mecanismos tradicionais como a força, o poder e a autoridade perderam, assim, espaço, no mundo contemporâneo, cedendo lugar aos métodos negociais, em que cada vez mais se tem consciência da necessidade de se obter consentimento da outra parte como método construtivo e de resultados duradouros para a produção de contratos e a resolução de controvérsias. Sobretudo houve uma mudança de paradigmas, passando-se da metodologia do confronto e da manipulação para a teoria dos métodos cooperativos.[89]

Delgado[90] ensina que os métodos de solução de conflitos se classificam em três grandes grupos: autotutela, autocomposição e heterocomposição. Para ele, "a diferenciação essencial entre tais grupos de métodos encontram-se nos sujeitos envolvidos e na sistemática operacional do processo de solução do conflito".

As formas autocompositivas fazem parte de um contínuo que varia no que tange ao grau de autonomia das decisões dos envolvidos, dentre as quais se destacam a:

1) Mediação;
2) Conciliação;
3) Negociação;
4) Arbitragem.

3.2.2. Mediação

A mediação é uma forma de autocomposição assistida, ou seja, são os próprios envolvidos que irão compor o conflito, mas com a presença de um terceiro imparcial – o mediador – que não deve influenciar, emitir juízo de valor ou persuadir as pessoas ao acordo. Durante o processo de mediação, existe a preocupação de (re) criar vínculos, es-

---

[89] GARCEZ, José Maria Rossani. *Negociação, ADRS, mediação, conciliação e arbitragem*. Rio de Janeiro: Lumen Juris, 2004, p. 5.

[90] DELGADO, Maurício Godinho. *Curso de Direito do Trabalho.* 5ª ed. 2ª Tiragem. São Paulo: LTr, 2006, p. 1368-1369.

tabelecer um diálogo e transformar e prevenir novos conflitos.

A propósito, cabe referir os ensinamentos de Stella Breitman e Alice Porto:

> A mediação é um processo orientado a conferir às pessoas nele envolvidas a autoria de suas próprias decisões, convidando-as à reflexão e ampliando alternativas. É um processo não adversarial dirigido à desconstrução dos impasses que imobilizam a negociação, transformando um contexto de confronto em contexto colaborativo. É um processo confidencial e voluntário no qual um terceiro imparcial facilita a negociação entre duas ou mais partes onde um acordo mutuamente aceitável pode ser um dos desfechos possíveis.[91]

E concluem Marilene Marodin e Stella Breitman:

> A mediação é uma forma alternativa (com o outro) de resolução de conflitos jurídicos, sem que exista a preocupação de dividir a justiça ou de ajustar o acordo às disposições do Direito Positivo.[92] É digno de se destacar que a estratégia mediadora não pode ser unicamente pensada em termos jurídicos. É uma técnica ou um saber que pode ser implementado nas mais variadas instâncias. Estou pensando nas possibilidades de mediação na psicanálise, na pedagogia, nos conflitos policiais, familiares, de vizinhança, institucionais e comunitários em seus variados tipos. (...) No fundo, dito agora com um olhar estritamente jurídico, é outro tipo de atitude e de visão da administração e resolução de conflitos que, tradicionalmente, tomam a lei como referência.[93]

Por se tratar de uma forma autocompositiva para solucionar conflitos, a mediação possui algumas características e princípios norteadores, dentre os quais se destacam:

- Autonomia da Vontade;
- Não Adversariedade;
- Presença do Terceiro Interventor Neutro e Imparcial;

---

[91] BREITMAN, Stella; PORTO, Alice C. *Mediação familiar: uma intervenção em busca da paz*. Porto Alegre: Criação Humana, 2001, p. 46.

[92] "Na verdade, mediação é mais do que essa conformidade, porque seu objetivo não é enquadrar a disputa em nenhuma estrutura legal preestabelecida, mas conduzir a disputa à criação de uma estrutura própria mediante a construção de normas relevantes para as partes". SERPA, Maria de Nazareth. *Teoria e Prática da Mediação de Conflitos*. Rio De Janeiro: Lumen Juris, 1999, p. 146.

[93] WARAT, Luiz Alberto. Ecologia, Psicanálise e Mediação. In: WARAT, Luiz Alberto (org.) *Em nome do acordo: a mediação no direito*. 2ª ed., Buenos Aires: Associação Latino-Americana de Mediação, Metodologia e Ensino do Direito, 1999, p. 05-06.

- Autonomia das decisões e Autocomposição;
- Não Competitividade e Consensualidade na Resolução do Conflito;
- Flexibilidade e Informalidade do Processo.

3.2.2.1. Princípio da autonomia da vontade

O princípio da autonomia da vontade é o poder das partes de estipular livremente, como melhor lhes convier, mediante acordo de vontades, a disciplina de seus interesses, suscitando efeitos tutelados pela ordem jurídica.

Segundo Irineu Strenger, "a autonomia da vontade como princípio deve ser sustentada não só como um elemento da liberdade em geral, mas como suporte também da liberdade jurídica, que é esse poder insuprimível no homem de criar por um ato de vontade uma situação jurídica, desde que esse ato tenha objeto lícito".[94]

Esse princípio confere às partes a faculdade de se socorrerem de meios alternativos para solução de controvérsia, versando sobre direito patrimonial *disponível*.[95]

3.2.2.2. Princípio da não adversariedade

Diferentemente do que ocorre nas demandas judiciais, quando se utiliza a mediação como forma de se solucionar conflitos não há espírito de litigância, no sentido que não existe ganhador e perdedor, uma vez que ambos se dispõem a conjuntamente encontrar soluções para as questões envolvidas.

Nos ensinamentos de Maria de Nazareth Serpa, "a mediação geralmente tem o efeito de conter a escalada das

---

[94] STRENGER, Irineu. *Da autonomia da Vontade*: direito interno e internacional. 2ª ed., São Paulo: LTr, 2000, p. 66.

[95] De forma sintética, parece possível afirmar, de logo, que o direito é disponível, quando é possível de ser transacionado, vale dizer, seu titular pode dispor sobre o direito que detém. Nessa simplificação, admite-se, portanto, uma categorização entre direitos disponíveis e indisponíveis, esses últimos dispostos em uma esfera tal, geralmente de natureza pública, que obsta – em princípio – a renúncia, a cessão, a transferência, ou, genericamente, qualquer espécie de transação.

questões em disputa e o antagonismo".[96] O resultado da cooperação mútua para solucionar o litígio é a probabilidade de ocorrer um acordo que vise a garantir o interesse de ambas as partes.

3.2.2.3. *Princípio da presença do terceiro interventor neutro e imparcial: algumas considerações sobre transferência e contratransferência*

Na mediação, as partes são auxiliadas por um terceiro interventor *imparcial*, que não deve influenciar, emitir juízo de valor ou persuadir as pessoas ao acordo, sendo a sua atuação desprovida de caráter coercitivo. Segundo Juan Carlos Vezzulla:

> É fundamental que o mediador, na primeira etapa, se apresente, assegurando aos clientes confiabilidade e neutralidade, assim como o suficiente profissionalismo para que os clientes possam trabalhar certos de sua eficácia. Quando o cliente expressa ao mediador sua satisfação exageradamente, por sentir-se protegido ou cuidado por ele, com respeito ao outro em litígio, pode estar significando uma transferência[97] que o mediador deve saber neutralizar através de frases de apoio para que se sinta compreendido e frases de limite, ao reiterar-lhes que as duas partes serão assistidas por ele, por igual.[98]

Sob esse aspecto, oportuno considerar, a par da mitigação hoje consolidada acerca da postura de neutralidade do mediador, a necessária observância de questões transferenciais e contratransferenciais[99] que sempre estarão presentes durante a mediação.

---

[96] SERPA, Maria de Nazareth. *Teoria e Prática da Mediação de Conflitos*. Rio de Janeiro: Lumen Juris, 1999, p. 154.

[97] A expressão transferência pode ser entendida como o deslocamento de padrões de sentimentos, pensamentos e comportamentos, originalmente experenciados em relação a pessoas significativas, principalmente durante a infância, para uma pessoa de um relacionamento interpessoal do presente.

[98] VEZZULLA, Juan Carlos. *Teoria e Prática da Mediação*. Paraná: Instituto de Mediação e Arbitragem do Brasil, 1998, p. 15/16.

[99] Para maiores esclarecimentos sobre o tema, remetemos o leitor para o capítulo *Contratransferência: um fenômeno exclusivo da relação analítica ou uma presença silenciosa durante a avaliação e a perícia psicológica*. In: TRINDADE, Jorge. Manual de Psicologia Jurídica para operadores do Direito. 6ª edição, revista, atualizada e ampliada. Porto Alegre: Livraria do Advogado, 2012.

No âmbito da teoria psicanalítica, de acordo com Nunberg,[100] a transferência é um termo autoexplanatório e significa que afetos e ideias são *transferidos* de uma situação para outra, prevalecendo a tendência de fazer com que impressões do passado se sobreponham a impressões do presente. Implica reagir a situações atuais como se fossem aquelas vividas no passado, mostrando uma tendência a repetir antigas vivências e de encontrar semelhanças do passado que se aplicariam ao presente, uma forma de reviver experiências antigas aqui e agora. Contudo, se foi um fenômeno reconhecido pela primeira vez na situação de análise, obviamente existe também fora dela.

Entretanto, o fenômeno da transferência não ocorre apenas no campo da relação psicanalítica, possuindo um sentido muito mais amplo. Sua noção transcende em muito o terreno psicanalítico e serve para designar o conjunto de fenômenos que ocorre nas relações humanas em geral, podendo ocorrer durante as sessões de mediação.

Compete ao mediador saber identificar essa ocorrência e interpretá-la adequadamente, pois a sua atuação não é outra senão a de auxiliar os mediandos a identificar, discutir e resolver as questões do conflito, buscando transformar o adversário em partícipe de um processo de solução cooperativa, conduzindo a um termo de entendimento para a obtenção da satisfação mútua das partes envolvidas no litígio.

A propósito, o Conselho Nacional das Instituições de Mediação e Arbitragem estabeleceu, no Código de Ética, os princípios fundamentais que deverão pautar a conduta do mediador, nos seguintes termos:

a) Imparcialidade: condição fundamental ao Mediador; não pode existir qualquer conflito de interesses ou relacionamento capaz de afetar sua imparcialidade; deve procurar compreender a realidade dos mediados, sem que nenhum preconceito ou valores pessoais venham a interferir no seu trabalho.

[100] NUNBERG, Herman. *Princípios de Psicanálise*. Rio de janeiro/São Paulo: Livraria Atheneu Editora, 1989, p. 262.

b) Credibilidade: o Mediador deve construir e manter a credibilidade perante as partes, sendo independente, franco e coerente.

c) Competência: a capacidade para efetivamente mediar a controvérsia existente. Por isso o Mediador somente deverá aceitar a tarefa quando tiver as qualificações necessárias para satisfazer as expectativas razoáveis das partes.

d) Confidencialidade: os fatos, situações e propostas, ocorridos durante a Mediação, são sigilosos e privilegiados. Aqueles que participarem do processo devem obrigatoriamente manter o sigilo sobre todo o conteúdo a ele referente, não podendo ser testemunhas do caso, respeitado o princípio da autonomia da vontade das partes, nos termos por elas convencionados, desde que não contrarie a ordem pública.

e) Diligência: cuidado e prudência para a observância da regularidade, assegurando a qualidade do processo e cuidando ativamente de todos os seus princípios fundamentais.

3.2.2.4. Princípio da autonomia das decisões e autocomposição

Diferentemente do que ocorre no processo judicial, onde o juiz decide a lide através da sentença que julgará o mérito da causa, o acordo firmado no processo de mediação não possui condão impositivo, nem possui o mediador poder de decisão.

Neste sentido, serão as partes que decidirão todos os aspectos do problema, sem intervenção do mediador, no sentido de induzir as respostas ou as decisões, mantendo autonomia e controle das decisões relacionadas ao conflito. O mediador facilita a comunicação, estimula o diálogo, auxilia na resolução de conflitos, mas não os decide.[101]

[101] SALES, Lília Maia de Morais. *Justiça e mediação de conflitos*. Belo Horizonte: Del Rey, 2003, p. 47.

3.2.2.5. *Princípio da não competitividade e consensualidade na resolução do conflito*

Durante a mediação, busca-se aproximar as partes, não havendo a ideia de lide como germe que alimenta as demandas judiciais. Não existe a triangulação autor-juiz-réu, nem sentença impositiva resolvendo o mérito. Não se estabelece o estigma de perdedor e ganhador do conflito. O que se busca é um acordo mútuo que acarretará concessões de ambas as partes, o que automaticamente afasta o sentimento de competitividade para provar quem tem a razão, fazendo com que o resultado final seja aceito, uma vez que foram elas próprias as responsáveis pelo seu desfecho.

Conforme Maria de Nazareth Serpa "a vontade das partes se manifesta de maneira autônoma e soberana, e os direitos podem fazer parte do arsenal de valores das partes, mas as decisões só as vinculam na medida do seu entendimento, conscientização e aceitação de suas premissas".[102]

3.2.2.6. *Princípio da flexibilidade e informalidade do processo*

Ao contrário de processo judicial, que tem um procedimento específico e exige a observância de formalidades legais, no procedimento de mediação a formalidade é quase inexistente, e não há normas de direito processual que devam ser seguidas. Torna-se desnecessária a aplicação de normas preestabelecidas, uma vez que são as próprias partes que irão compor e resolver o conflito, sob o auxílio de um terceiro imparcial.

Por se tratar de uma forma autocompositiva, caberá às partes determinar a estruturação da mediação, pois a todo momento seus participantes estão construindo as bases para que possam firmar o acordo. Ainda que se trate de um processo dinâmico e flexível, faz-se necessária a observância de algumas etapas, que em regra são:

[102] SERPA, Maria de Nazareth. *Teoria e Prática da Mediação de Conflitos*. Rio de Janeiro: Lumen Juris, 1999, p. 157.

a) Premediação: Nessa etapa ocorre a apresentação do processo, onde serão obtidas informações, avaliação da situação e eleição do mediador. Será considerada a voluntariedade, confidencialidade, possibilidade de cooperação e cordialidade para o prosseguimento da mediação.

b) Discurso de Abertura: Ocorrerá o estabelecimento de procedimentos e negociação onde será feito o acordo de Participação e Termo de Independência.[103]

c) Relato das Histórias: O objetivo dessa fase é saber o porquê da disputa. É nesse momento que as partes irão falar, apresentarão provas e o mediador irá tendo compreensão dos problemas expostos. É importante que nessa fase o mediador tenha o cuidado de *neutralizar o conteúdo* do que está sendo transmitido, ou seja, repassar a essência do que foi dito, sem, contudo, enfocar toda a parte de sentimento da parte ao relatar a situação. As perguntas formuladas pelo mediador também precisam ser objetivas. O foco precisa estar nas questões que levaram ao conflito, e não nos envolvidos e seus comportamentos.

d) Construção, Ampliação e Negociação das Alternativas para solucionar o conflito: Após ser exposto o problema o mediador[104] deverá ter uma visão global do conflito, auxiliando as partes na negociação. Um passo importante nessa fase é que o mediador tente colocar uma parte no local da outra. Esta reflexão de como o outro en-

---

[103] Termo assinado pelo mediador comprometendo-se a ser neutro, imparcial e não manter qualquer ligação entre as partes.

[104] A postura do mediador frente ao processo, de acordo com o Código de Ética para Mediadores, estabelecido pelo CONIMA, deve observar os seguintes aspectos: V – DO MEDIADOR FRENTE AO PROCESSO

O Mediador deverá: 1. Descrever o processo da Mediação para as partes;

2. Definir, com os mediados, todos os procedimentos pertinentes ao processo;

3. Esclarecer quanto ao sigilo;

4. Assegurar a qualidade do processo, utilizando todas as técnicas disponíveis e capazes de levar a bom termo os objetivos da Mediação;

5. Zelar pelo sigilo dos procedimentos, inclusive no concernente aos cuidados a serem tomados pela equipe técnica no manuseio e arquivamento dos dados;

6. Sugerir a busca e/ou a participação de especialistas na medida que suas presenças se façam necessárias a esclarecimentos para a manutenção da equanimidade;

7. Interromper o processo frente a qualquer impedimento ético ou legal;

8. Suspender ou finalizar a Mediação quando concluir que sua continuação possa prejudicar qualquer dos mediados ou quando houver solicitação das partes;

9. Fornecer às partes, por escrito, as conclusões da Mediação, quando por elas solicitado.

xerga o problema auxilia na elaboração do acordo, pois desperta algumas variáveis que anteriormente não teriam sido captadas. Ao perceber que se criou um impasse, em algum determinado ponto, o mediador poderá *sugerir* alguma alternativa, lembrando sempre que sua postura deve ser imparcial e neutra, pois sua função é *auxiliar* a elaboração do acordo, jamais sendo coercitivo. As partes devem se sentir *responsáveis* na elaboração de cada parte do acordo firmado. O sentimento de responsabilidade e cooperação faz com que o futuro cumprimento do acordo ocorra de forma espontânea, pois não foi uma decisão imposta, mas construída.

e) Fechamento do Processo de Mediação e Construção do Acordo Final: Havendo um consenso, o mediador fará um resumo de todas as alternativas apresentadas para solucionar o conflito, estando atento se é viável para ambas as partes cumprirem. Após a redação final, e a assinatura do respectivo acordo, o mediador poderá deixar claro que aquela solução é fruto de um entendimento entre as partes, ressaltando a *responsabilidade e coautoria* sobre o que ficou decidido.

Como forma elucidativa, destaca-se, consoante quadro que segue, uma síntese dos princípios até agora abordados e que norteiam a mediação:

SÍNTESE DOS PRINCÍPIOS DA MEDIAÇÃO
• *Voluntariedade:* aceitação por livre iniciativa ou aceitação das partes. Significa a disposição de cooperação para o objetivo da mediação. Não adversariedade: não competição das partes, as quais não objetivam ganhar ou perder, mas solucionar o problema. • *Intervenção neutra de terceiros:* terceira parte, catalisadora das soluções. • *Neutralidade:* não interferência no mérito das questões. • *Imparcialidade:* isto é, ausência de favoritismo ou preconceitos com relação a palavras, ações ou aparência, significando, por parte do mediador, um compromisso de ajuda a todas as partes, e na manutenção desta imparcialidade no levantamento de questões, ao considerar temas como justiça, equidade e viabilidade de opções propostas para acordo. • *Autoridade das partes:* poder de decisão sobre as questões em disputa, já que são elas as responsáveis pelos resultados e pelo próprio andamento do processo.

• *Informalidade:* que se caracteriza pela ausência de estrutura e inexistência de conformidade a qualquer norma substantiva ou de procedimento.
• *Privacidade:* a vontade das partes se manifesta de maneira autônoma, baseadas em interesse privados, no âmbito privado.
• *Consensualidade*: no sentido de não haver uma decisão imposta às partes. Leva-se em consideração o resultado de deliberação das partes e desta vontade é que extrairá a sujeição ao acordo daí surgido.
• *Confidencialidade:* As informações são restritas ao âmbito das partes e do interventor. Salvo restritas eventualidades (por exemplo, os próprios sujeitos darem publicidade ao processo ou às decisões, visto que tem liberdade para tal), nada pode ser utilizado em juízo ou ter publicidade.[105]

3.2.2.7. Procedimentos e técnicas de mediação

Sendo a mediação uma forma autocompositiva para resolução de conflitos, o mediador deve adotar determinados procedimentos que conduzam, de maneira sutil e sem interferência de juízos de valores, a um acordo que atenda as pretensões e expectativas das partes.

Sobre o tema, abordam Marilene Mardin e Stella Breitman:

> Qual o procedimento mais adequado do mediador? Em primeiro lugar, *reverter os papéis*: de coadjuvantes, os atores passam a ter o *papel* principal. Eles são os donos do problema/conflito que o mediador, de modo imparcial e neutro, tentará conduzir, guiar, administrar sem julgamentos, preferências ou juízos de valor. Ele tentará reestruturar a possibilidade de escuta recíproca e direta, sem intermediários parciais. Nesse sentido, o mediador procurará tornar legítima e qualificar as pretensões de ambos. De forma *eqüidistante* e habilmente treinado, não se deixar envolver por nenhum, mantendo seus próprios juízos de valores e princípios. Isso significa que o Mediador não participa da cultura beligerante, antes facilita a solução da *disputa*, o que não significa resolver o *conflito*, ou mesmo chegar a um *acordo*. Ele *alcança as ferramentas* para as pessoas refletirem sobre o que está acontecendo.[106]

---

[105] TAVARES, Fernando Horta. *Mediação e Conciliação.* Belo Horizonte: Mandamentos, 2002, p. 67-68.

[106] MARODIN, Marilene; BREITMAN, Stella. A Prática Moderna da Mediação: Integração entre a Psicologia e o Direito. In: ZIMERMAN, David; COLTRO, Antônio Carlos Mathias. *Aspectos Psicológicos na Prática Jurídica.* 2ª ed. rev., atual., ampl. São Paulo: Millennium, p. 502.

A maioria dos mediadores trabalha seguindo uma abordagem específica que, de acordo com os ensinamentos de Leonard Riskin,[107] pode ocorrer de 4 formas:

1. Abordagem Avaliadora – Restrita: O mediador ajuda as partes a perceber os pontos fracos e fortes de suas posições e quais os eventuais efeitos caso se submetam a procedimentos judiciais, ou extrajudiciais, caso a resolução por mediação não seja alcançada.

2. Abordagem Facilitadora – Restrita: Educar as partes sobre os pontos fortes e fracos de suas pretensões e suas prováveis consequências de uma mediação malsucedida.

3. Abordagem Avaliadora – Ampla: A principal estratégia do mediador avaliador-amplo é entender as circunstâncias e interesses secundários das partes e outros indivíduos ou grupos envolvidos e, então, usar seu conhecimento para buscar o resultado que atenda aos interesses delas. Nessa forma de avaliação, o mediador pode utilizar-se de algumas técnicas, dentre as quais:

- Promover a conscientização a respeito dos interesses subjacentes;
- Prever o impacto (sobre os interesses) de não se chegar ao acordo;
- Desenvolver e oferecer propostas (baseadas em interesses) amplas
- Estimular a aceitação mútua das propostas das partes.

4. Abordagem Facilitadora – Ampla: A principal estratégia é ajudar as partes a definir a matéria sujeita à mediação nos termos dos seus interesses subjacentes e, baseado nisso, ajudá-las a desenvolver e escolher suas próprias soluções. Nessa forma de avaliação, o mediador pode utilizar-se de algumas técnicas, dentre as quais:

- Ajudar as partes a compreenderem seus interesses subjacentes;

[107] RISKIN, Leonard. Compreendendo as orientações, estratégias e técnicas do mediador: um padrão para iniciantes. *In:* AZEVEDO, André Gomma de (Org.). *Estudos em Arbitragem, Mediação e Negociação.* Brasília: Brasília Jurídica, 2002, p. 82-94.

- Auxiliar as partes a desenvolver e a propor alternativas à solução do conflito baseadas em interesses e numa ampla perspectiva;
- Auxiliar as partes a avaliar as propostas.

3.3. Conciliação

A conciliação é "uma forma de resolução de controvérsias na relação de interesses administrada por um Conciliador investido de autoridade ou indicado pelas partes, a quem compete aproximá-las, controlar as negociações, aparar as arestas, sugerir e formular propostas, apontar vantagens e desvantagens, objetivando sempre a composição do litígio pelas partes".[108]

Trata-se, na verdade, de uma forma de heterocomposição, dependente da intervenção de um terceiro imparcial, junto aos litigantes, com o intuito de levá-los à autocomposição. Oportuno ressaltar que na conciliação, além da administração do conflito por um terceiro neutro e imparcial, este mesmo conciliador *tem a prerrogativa de poder sugerir um possível acordo, trazendo alternativas de resoluções das questões controvertidas.*

Essa é a lógica que rege o mecanismo da conciliação: a realização de acordos, podendo ser no âmbito extraprocessual ou endoprocessual, diminuindo substancialmente o tempo de duração de lide (princípio da celeridade processual), as altas despesas com os litígios judiciais, a redução da animosidade, característica da "derrota judicial", uma vez que na conciliação são as próprias partes que resolvem o litígio tornando-se responsáveis pelos compromissos que venham assumir e resgatando, tanto quanto possível, a capacidade de relacionamento.

3.3.1. Modalidades de conciliação

Conforme os ensinamentos de Wagner Giglio:

> A conciliação, como direito material, é um negócio jurídico, um contrato, como tal ontologicamente o mesmo, quer seja firmado em juízo ou

[108] Fonte: Tribunal de Arbitragem do Estado de São Paulo.

fora dele, apresentando duas espécies: bilateral, geralmente formal, oneroso e comutativo imperfeito, se resultante de transação; e unilateral imperfeito e geralmente formal, se decorrente de renúncia ou de reconhecimento. Sob o aspecto do processo, a conciliação pode ser classificada, quanto à oportunidade, em prévia ou processual; quanto à iniciativa, em espontânea ou provocada; quanto à obrigatoriedade, em obrigatória ou facultativa, podendo esta ser regulamentada ou não regulamentada; e quanto ao momento de sua formulação, em inicial ou final.[109]

Conforme o momento em que foi implementado o acordo a conciliação poder ser classificada sob duas formas: extraprocessual e endoprocessual, senão vejamos:

a) *Conciliação Extraprocessual,* também denominada informal, ocorre nas hipóteses de conflitos ainda não jurisdicionalizados. Conforme o Conselho Nacional de Justiça, esse procedimento se constitui em um método de prevenção de litígios e funciona como opção alternativa ao ingresso na via judicial, objetivando evitar o alargamento do número de demandas nos foros e a abreviação de tempo na solução das pendências, sendo acessível a qualquer interessado em um sistema simples ao alcance de todos. [...] A principal característica dessa modalidade de conciliação é a promoção de encontros entre os interessados, nos quais um conciliador buscará obter o entendimento e a solução das divergências por meio da composição não adversarial e, pois, ainda antes de deflagrada a ação. [...] É bem-vinda a participação e a integração a essa atividade dos profissionais e dos setores que atuam na área social (equipes multidisciplinares), possibilitando o entrosamento entre os vários serviços existentes. [...] Vale destacar, obtido o acordo em sede de conciliação pré-processual (informal), tem lugar a lavratura do instrumento particular de composição do conflito, ou seja, do ajuste celebrado entre as partes, o qual pode se constituir, desde logo, quando for o caso, em título executivo extrajudicial (art. 585, II, do CPC, com a assinatura de testemunhas), nada obstando, onde admitido, haja encaminhamento à homologação judicial".[110]

---

[109] GIGLIO, Wagner. *A conciliação nos dissídios individuais de trabalho.* 2ª ed. Porto Alegre: Síntese, 1997, p. 110.

[110] Fonte: Conselho Nacional de Justiça – CNJ: Movimento pela Conciliação.

b) ***Conciliação Endoprocessual***, também denominada processual, ocorre quando já foi instaurada a lide, ou seja, é uma modalidade de procedimento inerente à jurisdição. Consoante artigo 448 do Código de Processo Civil brasileiro, antes de iniciar a instrução, o juiz tentará conciliar as partes. Chegando a acordo, o juiz mandará tomá-lo por termo. Conforme os ensinamentos de Athos Gusmão Carneiro: "[...] a conciliação judicial marca um ponto de encontro entre a 'autocomposição' e a 'heterocomposição' da lide. É autocomposição porque as próprias partes tutelam seus interesses, fixando livremente o conteúdo do ato que irá compor o litígio; mas tal ponto de convergência é encontrado por iniciativa e sob as sugestões de um mediador qualificado, que buscará conduzir as partes no sentido de uma composição consoante com a equidade [...]".[111] Conciliando-se as partes, o juiz homologará o acordo, passando ele a ter a mesma eficácia pacificadora de uma sentença que julgasse o mérito, nos termos do artigo 269, inciso III, do Código de Processo Civil, que fará coisa julgada material constituindo-se em título executivo judicial, consoante artigo 475-N, inciso III, do CPC. Nos comentários ao Código de Processo Civil, Nelson Nery leciona nos seguintes termos: "Por meio da sentença homologatória o juiz não profere condenação, mas simplesmente homologa transação ou conciliação. Caso estes negócios jurídicos tenham, ainda que parcialmente, conteúdo condenatório, sua homologação caracteriza-se como título executivo. Ainda que a transação verse sobre matéria alheia à ação pendente, se for homologada em juízo, constituí título executivo judicial quanto a todo o conteúdo da transação homologada, ensejando execução pela forma de cumprimento de sentença (CPC 475-I), que se processa perante o mesmo juízo que a homologou (CPC 475-P II), ou no foro da localização dos bens expropriados ou, ainda, no foro do atual domicilio do executado (CPC 475 – parágrafo único)".[112]

[111] CARNEIRO, Athos Gusmão. A Conciliação no Novo Código de Processo Civil. *Revista Forense*. Rio de Janeiro, v. 251, n. 865/867, jul./set., 1975, p. 71.

[112] NERY JUNIOR, Nelson; NERY, Rosa Maria de Andrade. *Código de Processo Civil Comentado e Legislação Extravagante*. 9ª ed. rev., atual. e ampl. São Paulo: Revista dos Tribunais, 2006, p. 655/656.

3.3.2. *Diferença entre mediação e conciliação*

Faz-se oportuno diferenciar a mediação da conciliação, pois, embora sejam formas de solucionar conflitos, a abordagem e condução do processo são distintas.

Na conciliação, o terceiro propõe alternativas de resoluções, o que denota sua maior intervenção e responsabilidade para solucionar o conflito. Embora o acordo jamais possa ser imposto, a participação do conciliador na composição do litígio é mais efetiva, mostrando às partes envolvidas possibilidades de se chegar a um consenso. Salienta-se que a consensualidade dos envolvidos é inerente à conciliação.

No que concerne à mediação, vislumbra-se um maior grau de empoderamento das partes que atuam de uma forma efetiva para solucionar o conflito, ficando a cargo do mediador o papel de facilitador da negociação. Existe uma maior participação dos envolvidos na solução do conflito transferindo a eles a confiança, autodeterminação e responsabilidade para compor o litígio, o que naturalmente facilita na elaboração, aceitação e posterior cumprimento do acordo firmado.

Conforme leciona Fernando Tavares: "a mediação procura valorizar esses laços fundamentais de relacionamento, incentivar o respeito à vontade dos interessados, ressaltando os pontos positivos de cada um dos envolvidos na solução da lide para, ao final, extrair como consequência natural do procedimento os verdadeiros interesses em conflito".[113]

Outro aspecto da mediação é a contínua e intensa discussão sobre o conflito. Aqui não se objetiva apenas a consecução do acordo, mas o melhoramento e a continuação do relacionamento dos mediados. [...] Seus objetivos não atingem apenas os problemas, refletindo seus efeitos nos mediados e na sociedade, fortalecendo e preservando o relacionamento existente entre as pessoas.[114]

---

[113] TAVARES, Fernando Horta. *Mediação e Conciliação*. Belo Horizonte: Mandamentos, 2002, p. 64.

[114] SALES, Lília Maia de Morais; VASCONCELOS, Mônica Carvalho. *Mediação Familiar*: um estudo histórico social das relações de conflitos nas famílias contemporâneas. Fortaleza: Expressão Gráfica e Editora, 2006, p. 90/91.

3.4. Arbitragem

Diferentemente da Mediação e da Conciliação, que são mecanismos autocompositivos de solução de controvérsia, onde as próprias partes acordam entre si, a arbitragem[115] é um meio compositivo, uma vez que o terceiro,[116] denominado árbitro, resolve o conflito.

É um processo alternativo, voluntário e extrajudicial, entre pessoas físicas e jurídicas capazes de contratar, no âmbito dos direitos patrimoniais disponíveis, sem a necessidade de tutela do Poder Judiciário.

Os interessados elegem em cláusula compromissória,[117] assim entendida como a manifestação expressa de vontade onde as partes comprometem-se a submeter à arbitragem litígios que possam, no futuro, advir relativamente àquele contrato, que a solução do conflito ocorra por árbitros, ou juízes arbitrais, em caráter definitivo.[118]

Em não havendo acordo prévio, o artigo 6º[119] da Lei de Arbitragem prevê o compromisso arbitral, que é a manifestação posterior ao contrato firmado de que a solução do litígio seja feita por árbitros.

Às partes é facultado escolher: (a) Se a arbitragem será de direito ou por equidade;[120] (b) E as regras de direito que

---

[115] Artigo 3º da Lei nº 9.307/96: As partes interessadas podem submeter a solução de seus litígios ao juízo arbitral mediante convenção de arbitragem, assim entendida a cláusula compromissória e o compromisso arbitral.

[116] Artigo 13 da Lei nº 9.307/96: Pode ser árbitro qualquer pessoa capaz e que tenha a confiança das partes. § 1º As partes nomearão um ou mais árbitros, sempre em número ímpar, podendo nomear, também, os respectivos suplentes.

[117] Artigo 4º da Lei nº 9.307/96: A cláusula compromissória é a convenção através da qual as partes em um contrato comprometem-se a submeter à arbitragem os litígios que possam vir a surgir, relativamente a tal contrato. § 1º A cláusula compromissória deve ser estipulada por escrito, podendo estar inserta no próprio contrato ou em documento apartado que a ele se refira.

[118] Artigo 18 da Lei nº 9.307/96: O árbitro é juiz de fato e de direito, e a sentença que proferir não fica sujeita a recurso ou a homologação pelo Poder Judiciário.

[119] Artigo 6º da Lei nº 9.307/96: Não havendo acordo prévio sobre a forma de instituir a arbitragem, a parte interessada manifestará à outra parte sua intenção de dar início à arbitragem, por via postal ou por outro meio qualquer de comunicação, mediante comprovação de recebimento, convocando-a para, em dia, hora e local certos, firmar o compromisso arbitral.

[120] Artigo 2º da Lei nº 9.307/96: A arbitragem poderá ser de direito ou de eqüidade, a critério das partes.

serão aplicadas, desde que não haja violação aos bons costumes e à ordem pública.[121]

3.4.1. *Características da arbitragem e seus princípios norteadores*

As principais características[122] da arbitragem que as diferenciam da Justiça Estatal se baseiam nos seguintes aspectos:

• **Conciliação:** Ponto forte do procedimento arbitral. As partes, ao escolherem a arbitragem, já estarão manifestando, implícita e explicitamente, a vontade de encontrarem uma solução para o conflito. E é nesse sentido que o árbitro, especialista na matéria em litígio, irá pautar sua conduta, buscando o equilíbrio entre as duas posições antagônicas deixando como última alternativa sua prerrogativa de emanar o laudo arbitral, dirimindo, por vez, o conflito.

• **Informalidade:** A Arbitragem propicia às partes uma proximidade não existente no Poder Público, revestido de total formalidade seja na confecção de provas, no tratamento dos envolvidos, no distanciamento do magistrado etc. A informalidade é praticada em todo o andamento do procedimento arbitral, visando à solução rápida e eficaz do conflito, sem que isso possa prejudicar o direito de cada um e a análise e convencimento do árbitro.

• **Confidencialidade:** O Poder Público tem como uma de suas características a publicidade dos processos, seja dos fatos, seja nome das partes (...), com exceção apenas dos casos que tramitam sob égide do "segredo de justiça", geralmente permitido apenas para os casos envolvendo o Direito de Família.

Na arbitragem, é totalmente inverso. Todos os procedimentos são revestidos pelo pressuposto da confidencialidade, somente sendo permitida sua publicidade com a expressa autorização, evitando assim que casos que

[121] Artigo 2º (...) § 1º Poderão as partes escolher, livremente, as regras de direito que serão aplicadas na arbitragem, desde que não haja violação aos bons costumes e à ordem pública. § 2º Poderão, também, as partes convencionar que a arbitragem se realize com base nos princípios gerais de direito, nos usos e costumes e nas regras internacionais de comércio.

[122] Fonte: Tribunal de Arbitragem do Estado de São Paulo.

possam gerar repercussão pública sejam divulgados, contrariando os interesses das partes. Os procedimentos arbitrais, ao contrário, são mantidos em segredo, preservando, assim, os interesses dos envolvidos.

• **Celeridade:** A Lei nº 9.307/96 determina que os procedimentos arbitrais deverão, salvo manifestação expressa das partes estabelecendo o contrário, ser solucionados no prazo de 6 meses.

• **A Sentença Arbitral:** Outra forte característica da arbitragem é a impossibilidade de se ingressar com recurso contra a sentença arbitral proferida pelo árbitro.

Corroborando com o exposto, colaciona-se uma decisão proferida pelo egrégio Tribunal de Justiça do Rio Grande do Sul:

> APELAÇÃO CÍVEL. AÇÃO ANULATÓRIA. SENTENÇA ARBITRAL. Uma vez eleito o Juízo Arbitral para dirimir a controvérsia entre as partes, descabida a rediscussão, através do Poder Judiciário, do mérito da decisão, sendo permitido questionar o julgamento apenas no que diz respeito às hipóteses previstas no art. 32 da Lei de Arbitragem. Apelo desprovido.[123]

Esse é um dos fatores que contribui para a celeridade da tramitação do procedimento arbitral. São 180 dias para sua solução, sendo que sua sentença tem força de coisa julgada, e, se condenatória, constituirá em título executivo judicial, consoante artigo 475-N, inciso IV, do Código de Processo Civil brasileiro.

Dentre a classificação da arbitragem, podemos destacar os seguintes aspectos:

Quanto ao modo	• Voluntária • Obrigatória
Quanto à forma de surgimento	Institucional: quando as partes se reportam a uma entidade arbitral ou a um órgão técnico especializado, que geralmente possui regras e normas próprias de procedimento; *Ad hoc*: quando criada para o caso concreto, e os pactuantes devem estabelecer, com o compromisso arbitral, o procedimento e outros aspectos relevantes.
Quanto aos fundamentos da decisão	Podem estar embasados em preceitos jurídicos *stricto sensu* (arbitragem de Direito) ou no livre convencimento do árbitro quanto ao que seja a Justiça no caso concreto (arbitragem de Equidade), consoante artigo 2º da Lei nº 9.307/96.

[123] Tribunal de Justiça do Estado do Rio Grande do Sul. Apelação Cível nº 70019761170. Quinta Câmera Cível. Relator: Des. Umberto Guaspari Sudbrack.

No que se refere aos princípios da arbitragem segue, consoante quadro abaixo, uma breve elucidação a respeito do tema.

SÍNTESE DOS PRINCÍPIOS DA ARBITRAGEM
A Lei nº 9.307/96 instituiu os princípios que regem a arbitragem, dentre os quais se destacam: – *Autonomia da Vontade*: Estabelecido no artigo 1º da Lei nº 9.307/96,[124] confere às partes a faculdade de elegerem a arbitragem como forma de dirimir litígios relativos a direitos patrimoniais disponíveis. – *Princípio da Boa-fé*:[125] Visa impedir que a parte de má – fé não honre com o pactuado e impeça a instauração do juízo arbitral.[126] – *Princípio do Contraditório*: A garantia do contraditório compreende para o autor a possibilidade de poder deduzir ação em juízo, alegar e provar fatos constitutivos de seu direito e, quanto ao réu, ser informado sobre a existência e conteúdo do processo e poder reagir, isto é, fazer-se ouvir.[127] Se a sentença arbitral estrangeira violar esse princípio não será homologada na jurisdição brasileira, conforme artigo 38, inciso III, da Lei de Arbitragem.[128] – *Princípio da Ampla Defesa*: A ampla defesa constitui fundamento lógico do contraditório. É a possibilidade, assegurada ao acusado, de que tenha à sua disposição todos os meios legalmente previstos para provar o seu direito.

[124] Artigo 1º da Lei nº 9.307/96: As pessoas capazes de contratar poderão valer-se da arbitragem para dirimir litígios relativos a direitos patrimoniais disponíveis.

[125] É o princípio pelo qual as partes, na relação obrigacional, "devem agir com lealdade, correção e confiança recíprocas, não podendo uma das partes, após ter firmado o contrato e eleito, de forma espontânea, a instância arbitral, deixar de honrar o compromisso assumido". RICHE, Cristina Ayoub. Lei de Arbitragem nº 9.307/96 – Uma solução alternativa para os conflitos de ordem jurídica. Rio de Janeiro: UniverCidade, 2001, p. 128.

[126] Processual civil. Recurso especial. Cláusula arbitral. Lei de Arbitragem. Aplicação imediata. Extinção do processo sem julgamento de mérito. Contrato internacional. Protocolo de Genebra de 1923 – com a alteração do art. 267, VII, do CPC pela Lei de Arbitragem, a pactuação tanto do compromisso como da cláusula arbitral passou a ser considerada hipótese de extinção do processo sem julgamento do mérito. Impõe-se a extinção do processo sem julgamento do mérito se, quando invocada a existência de cláusula arbitral, já vigorava a Lei de Arbitragem, ainda que o contrato tenha sido celebrado em data anterior à sua vigência, pois, as normas processuais têm aplicação imediata. Superior Tribunal de Justiça. Recurso Especial nº 712566/RJ. Terceira Turma. Relatora: Ministra Nancy Andrighi.

[127] NERY JUNIOR, Nelson; NERY, Rosa Maria de Andrade. *Constituição Federal comentada e legislação constitucional*. São Paulo: Revista dos Tribunais, 2006, p. 134.

[128] Artigo 38 da Lei nº 9.307/96: Somente poderá ser negada a homologação para o reconhecimento ou execução de sentença arbitral estrangeira, quando o réu demonstrar que: III – não foi notificado da designação do árbitro ou do procedimento de arbitragem, ou tenha sido violado o princípio do contraditório, impossibilitando a ampla defesa.

- *Princípio da Igualdade das Partes*: "As prerrogativas atribuídas a uma das partes, visando proporcionar a paridade das armas, não podem superar o estritamente necessário para estabelecer o equilíbrio entre elas, sob pena de ferirem o princípio da isonomia".[129] Este princípio encontra-se previsto no artigo 5º, *caput*, da Constituição Federal e no artigo 21, § 2º da Lei de Arbitragem.[130]
- *Princípio da Imparcialidade*: No desempenho de sua função, o árbitro deverá proceder com imparcialidade, independência, competência, diligência e discrição, consoante determina o artigo 13, § 6º da Lei de Arbitragem. Não sendo observado este princípio a sentença arbitral será nula.[131]
- *Princípio do Livre Convencimento*: Significa que o árbitro vai embasar suas decisões com base nas provas existentes nos autos, levando em conta sua livre convicção pessoal motivada. Este princípio encontra-se expressamente previsto no artigo 21, § 2º da Lei de Arbitragem.
- *Princípio da Irrecorribilidade da Sentença Arbitral*: Visando a celeridade da solução do conflito o artigo 18 da Lei de Arbitragem[132] estabelece que não é possível a interposição de recursos ao próprio árbitro, Tribunal arbitral ou ao Poder Judiciário, para reexame de mérito. Todavia, o artigo 30 da Lei 9.307/96[133] permite o questionamento da sentença arbitral em dois casos, quais sejam: (a) se ocorrer erro material ou (b) se houver alguma obscuridade, dúvida, contradição ou omissão na sentença arbitral. Somente é permitido o ingresso da ação no Poder Judiciário nos casos de nulidade[134] da sentença arbitral, mas não para o reexame do mérito por insatisfação da parte vencida.

---

[129] RODRIGUES, Horácio Wanderlei, *apud* RICHE, Cristina Ayoub. *Lei de Arbitragem nº 9.307/96* – Uma solução alternativa para os conflitos de ordem jurídica. Rio de Janeiro: UniverCidade, 2001, p. 131.

[130] Artigo 21 da Lei nº 9.307/96: A arbitragem obedecerá ao procedimento estabelecido pelas partes na convenção de arbitragem, que poderá reportar-se às regras de um órgão arbitral institucional ou entidade especializada, facultando-se, ainda, às partes delegar ao próprio árbitro, ou ao tribunal arbitral, regular o procedimento. § 2º Serão, sempre, respeitados no procedimento arbitral os princípios do *contraditório, da igualdade das partes, da imparcialidade do árbitro e de seu livre convencimento*. (grifo nosso)

[131] Artigo 32 da Lei nº 9.307/96: É nula a sentença arbitral se: VIII – forem desrespeitados os princípios de que trata o art. 21, § 2º, desta Lei.

[132] Artigo 18 da Lei nº 9.307/96: O árbitro é juiz de fato e de direito, e a sentença que proferir nao fica sujeita a recurso ou a homologação pelo Poder Judiciário.

[133] Artigo 30 da Lei nº 9.307/96: No prazo de cinco dias, a contar do recebimento da notificação ou da ciência pessoal da sentença arbitral, a parte interessada, mediante comunicação à outra parte, poderá solicitar ao árbitro ou ao tribunal arbitral que: I – corrija qualquer erro material da sentença arbitral; II – esclareça alguma obscuridade, dúvida ou contradição da sentença arbitral, ou se pronuncie sobre ponto omitido a respeito do qual devia manifestar-se a decisão. Parágrafo único. O árbitro ou o tribunal arbitral decidirá, no prazo de dez dias, aditando a sentença arbitral e notificando as partes na forma do art. 29.

[134] Artigo 33 da Lei nº 9.307/96: A parte interessada poderá pleitear ao órgão do Poder Judiciário competente a decretação da nulidade da sentença arbitral, nos casos previstos nesta Lei.

– Princípio da Autonomia da Cláusula Compromissória: Consoante o artigo 8º da Lei de Arbitragem a cláusula compromissória é autônoma em relação ao contrato em que estiver inserta, de tal sorte que a nulidade deste não implica, necessariamente, a nulidade da cláusula compromissória. Este princípio visa assegurar a efetiva instauração do juízo arbitral e impedir a parte de má-fé de não cumprir com a obrigação pactuada.

3.4.2. As principais inovações normativas da Lei de Arbitragem

Pode-se dizer que quatro foram as principais modificações trazidas pela Lei de Arbitragem, a saber:

a) Força obrigatória e vinculante para a cláusula arbitral: Antes da publicação da Lei nº 9.307/96, fazia-se distinção entre cláusula compromissória e compromisso arbitral. Conforme esclarecem Jacob Dolinger e Carmen Tiburcio, "a cláusula compromissória prevendo a submissão do litígio à arbitragem não configurava garantia da instauração do juízo arbitral. Para tanto, era necessário a realização do compromisso arbitral, após o surgimento do litígio, manifestando a intenção das partes pela efetiva resolução da controvérsia pela arbitragem. A exigência do compromisso enfraquecia o instituto, pois a arbitragem somente poderia ser instaurada após a sua realização e não era possível obrigar a parte a realizá-la".[135] Com o advento da Lei nº 9.307/96, a convenção de arbitragem, seja ela expressa na forma de cláusula compromissória ou compromisso arbitral, adquiriu força e uma vez existente obriga às partes a instaurarem o juízo arbitral.[136] Consoante determina o

---

[135] DOLINGER, Jacob. TIBURCIO, Carmen. *Direito Internacional Privado – Arbitragem Comercial Internacional.* Rio de Janeiro: Renovar, 2003, p. 22.

[136] Artigo 3º da Lei nº 9.307/96: As partes interessadas podem submeter a solução de seus litígios ao juízo arbitral mediante convenção de arbitragem, assim entendida a cláusula compromissória e o compromisso arbitral. Artigo 4º. A cláusula compromissória é a convenção através da qual as partes em um contrato comprometem-se a submeter à arbitragem os litígios que possam vir a surgir, relativamente a tal contrato. (...). Artigo 6º. Não havendo acordo prévio sobre a forma de instituir a arbitragem, a parte interessada manifestará à outra parte sua intenção de dar início à arbitragem, por via postal ou por outro meio qualquer de comunicação, mediante comprovação de recebimento, convocando-a para, em dia, hora e local certos, firmar o compromisso arbitral.

artigo 267, inciso VII,[137] do Código de Processo Civil brasileiro, se houver cláusula de arbitragem entre as partes, o juiz deverá extinguir o processo sem julgamento de mérito, devendo ser instaurado o juízo arbitral para solucionar o litígio.

b) Equiparação da Sentença Arbitral à Sentença Judicial: Conforme determina o artigo 36 da Lei de Arbitragem, a sentença arbitral produz, entre as partes e seus sucessores, os mesmos efeitos da sentença proferida pelos órgãos do Poder Judiciário e, sendo condenatória, constitui título executivo, consoante artigo 475-N, inciso IV, do Código de Processo Civil brasileiro.

c) Supressão da Necessidade de Dupla homologação e citação por carta rogatória da parte domiciliada no Brasil: O artigo 35 da Lei de Arbitragem determinou que a sentença arbitral estrangeira estaria sujeita unicamente à homologação do Supremo Tribunal Federal.[138] Nesse aspecto, salienta-se um aspecto importante: A Emenda Constitucional nº 45 retirou do STF a competência para homologar sentença estrangeira estando, hoje, competente o *Superior Tribunal de Justiça.* O artigo 39, parágrafo único, da Lei de Arbitragem, no que se refere à citação por carta rogatória, estabelece que não será considerada ofensa à ordem pública nacional a efetivação da citação da parte residente ou domiciliada no Brasil, nos moldes da convenção de arbitragem ou da lei processual do país onde se realizou a arbitragem, admitindo-se, inclusive, a citação postal com prova inequívoca de recebimento, desde que assegure à

---

137 Havendo convenção de arbitragem as partes renunciam à jurisdição estatal, preferindo nomear um árbitro que resolva a lide eventualmente existente entre elas. Neste caso, a denúncia da existência da convenção acarreta a extinção do processo sem julgamento de mérito. É matéria que depende da alegação do réu, vedado ao juiz examiná-lo de ofício (Artigo 301, inciso IX e § 4º do CPC. NERY JUNIOR, Nelson; NERY, Rosa Maria de Andrade. *Código de Processo Civil Comentado e Legislação Extravagante.* 9ª ed. rev., atual. e ampl. São Paulo: Revista dos Tribunais, 2006, p. 437.

138 Extinguiu-se, portanto, o antigo sistema da dupla homologação quando se exigia inicialmente uma equiparação de laudo arbitral estrangeiro com sentença (judicial) estrangeira, feitas pelos tribunais do país sede da arbitragem, e, em seguida, uma segunda equiparação, a ser feita no Supremo Tribunal Federal, entre laudo arbitral estrangeiro (já equiparado à sentença arbitral estrangeira) a uma sentença judicial nacional. AZEVEDO, André Goma de. (org.) *Estudos em arbitragem, mediação e negociação.* Brasília: Brasília Jurídica, 2002.

parte brasileira tempo hábil para o exercício do direito de defesa.

d) Garantia de jurisdição ao árbitro: Consoante artigo 18 da Lei de Arbitragem o árbitro é juiz de fato e de direito, e a sentença que proferir não fica sujeita a recurso ou a homologação pelo Poder Judiciário. Visando a garantir a efetividade da decisão arbitral a lei de arbitragem delimitou a cognição da demanda anulatória da sentença em um rol de caráter essencialmente processual.[139]

Em apertada síntese, como forma exemplificativa, destacamos algumas diferenças entre a Arbitragem e o Poder Judiciário, senão vejamos:

QUADRO COMPARATIVO ENTRE ARBITRAGEM E PODER JUDICIÁRIO		
	ARBITRAGEM	PODER JUDICIÁRIO
Questões possíveis de apreciação	Direitos disponíveis (dos quais as partes podem abrir mão voluntariamente), entre particulares.	Todos e quaisquer direitos entre particulares ou envolvendo o Poder Público.
Previsão Contratual	É imprescindível a previsão da arbitragem em contrato (em cláusula compromissória ou compromisso arbitral).	Não há necessidade de qualquer previsão contratual (Inc. XXXV do art. 5º da CF).
Início do procedimento	Conforme acordo prévio ou por meio de comunicação (com comprovação do recebimento) emitido pela parte interessada.	Ingresso com medidas judiciais competentes e citação da parte requerida.
Compromisso Arbitral	Necessariamente deve ser firmado pelas partes antes do início da arbitragem. Caso a parte requerida não compareça, pode ser promovido o compromisso arbitral no âmbito do Poder Judiciário.	A citação judicial da parte é essencial para início do processo judicial (pode ser feita por oficial de justiça, correspondência ou edital).
Órgão Julgador	Um árbitro ou mais (tribunal arbitral), sempre número impar.	Órgãos do Poder Judiciário (singular ou colegiado).

[139] Artigo 32 da Lei nº 9.307/96: É nula a sentença arbitral se: I – for nulo o compromisso; II – emanou de quem não podia ser árbitro; III – não contiver os requisitos do art. 26 desta Lei; IV – for proferida fora dos limites da convenção de arbitragem; V – não decidir todo o litígio submetido à arbitragem; VI – comprovado que foi proferida por prevaricação, concussão ou corrupção passiva; VII – proferida fora do prazo, respeitado o disposto no art. 12, inciso III, desta Lei; e VIII – forem desrespeitados os princípios de que trata o art. 21, § 2º, desta Lei.

Revelia	A arbitragem pode ser iniciada e prosseguir até o final, mesmo com a revelia de uma das partes.	Não impede o ajuizamento e prosseguimento da ação judicial.
Critérios para Decisão	A arbitragem pode se dar por direito ou equidade, a critério das partes. (A utilização da equidade, princípios gerais de direito, usos e costumes e regras internacionais de comércio deve ser expressamente autorizada pelas partes, sempre sem violação dos bons costumes e à ordem pública).	A lei é o objeto e o limite da atividade do Poder Judiciário. A equidade ou é vedada ou excepcionalmente utilizada quando a lei expressamente o permitir. O juiz deverá atender aos fins sociais das leis e às exigências do bem comum. Somente quando a lei for omissa o juiz decidirá com base na analogia, nos usos e costumes ou nos princípios gerais de direito.
Prazos	6 (seis) meses ou conforme acordado pelas partes.	Não há prazos previstos para encerramento do processo judicial.
Eficácia e Coatividade da Sentença	A sentença arbitral é proferida em única instância, e não está submetida a recurso, constituindo-se em Título Executivo Extrajudicial.	A sentença é título executivo, mas somente faz coisa julgada com a decisão do último recurso ajuizado pela parte interessada.
Sentença Estrangeira Transitada em Julgado	É reconhecida no Brasil, devendo ser homologada pelo STJ, desde que a matéria seja passível de arbitragem e não viole a ordem pública nacional.	É reconhecida no Brasil, devendo ser homologada pelo STJ, desde que a matéria seja passível de arbitragem e não viole a ordem pública nacional.
Execução da Sentença	Pelo Poder Judiciário	Pelo Poder Judiciário
Custas do Procedimento	Suportadas pelas partes, inclusive os honorários dos árbitros (não há obrigatoriedade de contratação de advogados).	Tabela de custas processuais mais honorários dos advogados e ônus da sucumbência.
Recurso da Decisão	Ao Poder Judiciário, no caso de se pleitear a nulidade da sentença arbitral, por infringir requisitos formais ou procedimentais da lei de arbitragem ou do compromisso arbitral, não cabendo recurso quanto ao mérito.	As decisões são submetidas ordinariamente ao duplo grau de jurisdição, podendo haver interposição de recurso para os Tribunais Superiores.

3.4.3. *Diferença entre arbitragem, mediação e conciliação*

Nos ensinamentos de Carlos Alberto Carmona, "a arbitragem é uma técnica para solução de controvérsias por meio da intervenção de uma ou mais pessoas, que recebem seus poderes de uma convenção privada proferindo, com base nesta convenção e sem intervenção do Estado, uma decisão destinada a adquirir eficácia de sentença judicial".[140]

Em contrapartida, a mediação é uma técnica privada de solução de controvérsias, a qual uma terceira pessoa – o mediador – auxilia as partes na composição do litígio, mas não decidindo efetivamente o conflito, porquanto são os próprios envolvidos os responsáveis pela composição e celebração do acordo.

No que se refere à conciliação, "o conciliador age no sentido de conduzir as partes a um consenso, sem afastar a sua vontade, sendo delas próprias a vontade que conduz ao acordo que pões fim ao conflito; na arbitragem, o árbitro age no sentido de substituir, pela sua, a inteligência e a vontade das partes, sendo que a sentença põem fim ao conflito, agindo o consenso apenas como móvel determinante da arbitragem. Na conciliação, a eficácia da decisão depende do consenso das partes; na arbitragem, esse consenso lhe é anterior, pois a sentença prescinde dele".[141]

Outra questão que se faz necessário esclarecer é a diferença entre arbitragem e transação. Consoante José Eduardo Alvim, "a transação é negócio jurídico pelo qual os interessados, por meio de concessões mútuas, previnem ou terminam o litígio, consoante artigo 840[142] do Código Civil. A arbitragem é modalidade de juízo em que a vontade das partes não tem qualquer influência na formação da sentença arbitral, senão na constituição da arbitragem".[143]

---

[140] CARMONA, Carlos Alberto. *A arbitragem no processo civil brasileiro*. São Paulo: Malheiros, 1992, p. 19.

[141] CARMONA, Carlos Alberto. Op. cit., p. 33/34.

[142] Artigo 840 do Código Civil. É lícito aos interessados prevenirem ou terminarem o litígio mediante concessões mútuas.

[143] ALVIM, José Eduardo Carreira. *Tratado Geral da Arbitragem*. Belo Horizonte: Mandamentos, 2000, p. 34.

A tabela abaixo elucida as principais diferenças entre arbitragem, mediação e negociação, senão vejamos:

DIFERENÇA ENTRE ARBITRAGEM, MEDIAÇÃO E CONCILIAÇÃO	
Arbitragem	É um processo alternativo, voluntário e extrajudicial, que pode ser instituído mediante cláusula compromissória ou compromisso arbitral, onde as partes elegem o Árbitro (s) que irá dirimir o litígio, tendo a decisão eficácia de sentença judicial.
Mediação	A Mediação é uma forma de autocomposição assistida, ou seja, são os próprios envolvidos que irão compor o conflito, mas com a presença de um terceiro imparcial – que não deve influenciar, emitir juízo de valor ou persuadir ao acordo.
Conciliação	É uma forma de resolução de controvérsias, administrada por um Conciliador, a quem se atribui o papel de aproximar as pessoas, promover as negociações, sugerir e formular propostas, objetivando sempre a composição do litígio. Comparando-se com a Mediação, a tarefa do Conciliador tem cunho mais diretivo na elaboração do acordo.

3.5. Negociação

A negociação, enquanto autocomposição, é uma forma de interação verbal em que as partes propõem, contrapõem e argumentam para a obtenção de um acordo que recebe o assentimento dos envolvidos. Durante o processo de negociação não há um terceiro que auxilia ou ajuda na composição do conflito, mas as próprias partes que chegam ao acordo final.

Maria de Nazareth Serpa define negociação como sendo "o processo onde as partes envolvidas entabulam conversações, no sentido de encontrar formas de satisfazer seus interesses. Normalmente, as partes reconhecem e verbalizam a existência de demandas contraditórias, diferenças de valores de cada uma, muitas vezes detectam a ocorrência de interesses comuns. Através desse processo procuram ajustar as diferenças se movimentando com vistas a uma relação desejável tanto sob o ponto de vista econômico, quanto social, psicológico, e mesmo legal".[144]

[144] SERPA, Maria de Nazareth. *Teoria e Prática da Mediação de Conflitos*. Rio de Janeiro: Lumen Juris, 1999, p. 108/109.

Neste sentido, "as negociações são interações que exigem das partes uma acuidade de percepção e, especialmente, uma disposição para perceber o outro da forma mais realista possível, de modo a captar as suas possibilidades e necessidades e encontrar os pontos viáveis de entendimento. A distorção nesta percepção do outro, como decorrência da insegurança, não somente serve para causar óbvios percalços na interação como também para colocar de maneira falseada os dados do problema a ser resolvido, isto é, os elementos para o possível acordo".[145]

3.5.1. Formas de conduzir o processo de negociação

O processo de negociação não é um processo lógico, pois há uma troca entre as pessoas, onde envolve ambiguidades que surgem das atitudes, comportamentos, estratégias e estilos de comunicação.

Existem variadas maneiras que as partes podem abordar e conduzir o *processo de negociação*, explorando questões de conhecimentos a respeito de si mesmas e de outrem, e acerca do próprio assunto em negociação. Essa forma de conduzir o processo caracteriza-se por *movimentos na negociação*,[146] conforme elucidados por Luciano Zajdsnajder:

a) Movimentos que levam a um acordo: Caracterizam-se por uma atitude positiva, por propostas concretas e por concessões. Assinalando o início da negociação, a própria iniciativa e a sua expressão na forma de uma oferta constitui um movimento do tipo considerado. Também se encontra neste caso todo o movimento que sirva para aproximar as partes.

b) Movimentos que modificam o nível de aspiração: Estes movimentos caracterizam-se por esforço de uma parte no sentido de fazer mover a outra, levando-a a mudar de expectativas, fazendo-a reconsiderar suas ideias a respeito do que poderia obter ou do que deveria dispor. Todos os atos de persuasão ou de dissuasão compõem este grupo de

---

[145] ZAJDSNAJDER, Luciano. *Teoria e Prática da Negociação*. Rio de Janeiro: José Olympio, 1985, p. 51/52.

[146] ZAJDSNAJDER, Luciano. Op. cit., p. 38/40.

movimentos, e, também, às vezes, o mero fornecimento de informações.

c) Movimentos de Esclarecimento: São aqueles que trazem dados, descrições e explicações, sem que o objetivo seja propriamente de persuadir. Servem para clarificar situações e condições, esclarecer acerca de propostas ou de procedimentos.

d) Movimentos de Aproximação ou Afastamento: Este grupo de movimentos, assim como os dois seguintes, utiliza-se de concessões, recusas, argumentos, esclarecimentos e ameaças. São movimentos que reforçam os elos de negociação entre as partes ou servem para enfraquecê-los ou mesmo parti-los. Sua forma de manifestação é bastante sutil, sendo às vezes facilmente percebida através das reações das partes.

e) Movimentos de Relaxamento ou de Tensão: Os momentos de tensão na negociação ocorrem basicamente em duas situações: quando a negociação ameaça romper-se ou quando tende a transformar-se em conflito. Portanto, movimentos na direção de questões que servem para contrapor as partes são de tensão, enquanto os movimentos que servem para afastar-se dos temas de conflito ou de ameaças de rompimento são movimentos de relaxamento.

f) Movimentos Protelatórios: Estes movimentos buscam atender a duração da negociação através da criação de novas situações que devem ser examinadas, da apresentação de novas exigências ou mesmo através da suspensão justificada ou injustificada dos encontros.

3.5.2. Técnicas de negociação

Conforme os ensinamentos de Luciano Zajdznajder, "durante o processo de negociação, as partes costumam lançar mão de meios e modos de atingir os objetivos de forma indireta. Isto é, não proclamam abertamente o que desejam ou o que esperam da outra parte. Estes meios e modos, que em geral tomam a forma de simulações e de manobras, são utilizados com duas funções: A primeira função é atingir os processos de conhecimento da outra parte, fornecendo-lhe de maneira indireta informações sobre suas possibilidades e necessidades. A segunda função é a de atingir o centro da decisão da outra parte, fazendo-a rever suas expectativas em relação às possibilidades de concluir a negociação em termos antecipadamente esperados".[147]

Segundo o entendimento deste mesmo autor, há um *roteiro estratégico de negociação*,[148] conforme abaixo transcrito:

ROTEIRO ESTRATÉGICO DE NEGOCIAÇÃO

1. Identificar os pontos fortes e fracos;
2. Identificar os pontos fortes e fracos na outra parte;
3. Determinar o poder de barganha identificando que parte se encontra relativamente mais forte;
4. Identificar os aspectos principais e secundários do objeto de negociação;
5. Estabelecer os limites máximo e mínimo e os resultados considerados satisfatórios relativamente ao objeto da negociação;
6. Determinar a intensidade com que se buscará endurecer ou mostrar flexibilidade em relação aos diversos aspectos da negociação e em relação a esta como um todo;
7. Delinear a proposta inicial e sua justificativa;
8. Definir o que se tem a conceder;
9. Definir o que se buscará obter através das concessões;
10. Definir o ritmo temporal das concessões;
11. Delinear propostas posteriores à inicial;
12. Definir as informações que se pretende prestar;
13. Identificar as informações que se pretende obter de maneira direta ou indireta da outra parte;
14. Definir a ordem dos tópicos a abordar ou a omitir (terreno a percorrer durante a negociação);
15. Prever alternativas de ação prováveis da outra parte e que respostas dar a elas.

Nesse sentido, denota-se que o processo de negociação é extremamente complexo, visto que envolve pessoas e comportamento humano. Trata-se não apenas de estabelecer as diferenças entre as pessoas, no que se refere a valores, objetivos, maneiras de pensar e de se conduzir numa negociação, mas também de estruturar uma forma de pen-

[147] ZAJDSNAJDER, Luciano. *Teoria e Prática da Negociação.* Rio de Janeiro: José Olympio, 1985, p. 63.
[148] Idem, p. 57-61.

samento e tomada de decisão para as diferentes partes envolvidas no processo. Como envolve questões comportamentais, a negociação tem implícita grande dose de subjetividade, e imprevisibilidade nas atitudes das pessoas, o que impede que possa ser tratada de maneira a seguir uma lógica pré-concebida.[149]

Dentre as diretrizes comumente observadas para uma negociação de sucesso destacamos uma das principais obras que tratam sobre o tema, dos autores Roger Fischer, William Ury e Bruce Patton, intitulada *Como chegar ao sim*[150]. Nesse livro são destacados cinco pontos fundamentais da negociação baseada em princípios, quais sejam:

1) Separar as pessoas do problema;
2) Foco nos interesses, e não das posições;
3) Utilização de critérios objetivos;
4) Geração de opções de ganhos mútuos;
5) Melhor alternativa para um acordo negociado.

Além das diretrizes suprarreferidas, que servirão de base para toda e qualquer negociação, podemos destacar outras que podem ser seguidas com a finalidade que o acordo ocorra com êxito, dentre as quais se destacam:

ALGUMAS DIRETRIZES PARA UMA NEGOCIAÇÃO DE SUCESSO
• Seja claro no que diz respeito às suas necessidades, prioridades e objetivos; • Pense a respeito das necessidades e desejos da outra parte; • Veja o processo de negociação como um procedimento de consulta e resolução de problemas entre as partes; • Discuta as percepções de cada um; • Coloque os seus argumentos e as suas posições de forma a sugerir benefícios para a outra parte; • Foque nas questões e na resolução de problemas; • Seja flexível; • Discipline-se para responder às questões essenciais à preparação eficaz da negociação; • Mantenha o controle; • Reconheça o nível de autoridade; • Reconheça táticas hostis se e quando elas são utilizadas pela outra parte.

149 DANTE, Martinelli; VENTURA, Carla; MACHADO, Juliano. *Negociação Internacional*. São Paulo: Atlas, 2004.

150 FISCHER, Roger; PATTON, Bruce e URY, William. *Como chegar ao sim*: a Negociação de Acordos sem Concessões. Rio de Janeiro: Editora Imago, 1994.

Por fim, impende sublinhar que as formas alternativas de solução de conflitos constituem uma maneira de superar a concepção do processo como duelo, pois mesmo os mais duros conflitos de interesse não se suprimem, mas se compõem.

4. O processo psicológico e a obtenção da verdade judicial. O comportamento das partes e testemunhas

> "A verdade judicial, como qualquer outra realidade, só pode ter um valor muito relativo, no conhecimento do magistrado, ao qual chega através de depoimentos e interrogatórios, suportando um largo trabalho de transformação, desde a sensação, momento inicial, até à exposição verbal ou escrita, que é o momento terminal".[151]

> "Usamos perversamente a razão quando humilhamos a vida".[152]

4.1. Noções Introdutórias

O processo psicológico nem sempre coincide, no aspecto temporal, com o processo judicial.

Com efeito, o tempo do processo psicológico é interno, depende de muitas variáveis, algumas delas de natureza inconsciente. E o inconsciente, como se sabe, é atemporal. Nele não existe passado, nem presente, nem futuro.

Ademais, o curso do processo psicológico depende também do tipo de personalidade do sujeito (características que são personalíssimas), da natureza do conflito emocional, do fator desencadeante, das condições, recursos e mecanismos de defesa, e das estratégias de *coping*[153] que o indivíduo possui como repertório instrumental naquele momento para fazer frente à solução do conflito emocio-

[151] ALTAVILLA, Enrico. *Psicologia Judiciária*. Volume I: processo psicológico e a verdade judicial. 3ª ed. Coimbra: Arménio Amado Editor, 1982, p. 20.

[152] SARAMAGO, José. *Discursos de Estocolmo*. Lisboa: Editorial Caminho, 1999, p. 32.

[153] O conjunto de recursos que uma pessoa possui para fazer frente a uma determinada situação conflitiva.

nal. Também fatores como idade, suporte familiar, se existente ou não, recursos positivos ou negativos de trabalho, relacionamentos afetivos e interpessoais, condições físicas favoráveis ou desfavoráveis e auxílio técnico-profissional, são elementos importantes para dar a marcha e o andamento do processo psicológico, até sua final resolução, com a elaboração do luto.[154]

O processo judicial, por sua vez, está condicionado por outras variáveis. De um lado, a natureza da ação, o nível de conflitualidade entre as partes, a determinação explícita e clara da causa de pedir, bem como de seus fundamentos, a prova existente para a demonstração dos fatos, por exemplo. De outro lado, pela resposta da parte contrária, sua versão sobre os mesmos fatos, as provas que irá produzir, os seus argumentos jurídicos (legais, doutrinários e jurisprudenciais), tudo destinado a se contrapor ao pedido, instaurando a lide, que é o confronto de pretensões. No processo judicial, a mediação e, se for o caso, a sua resolutividade pela sentença, é dada por *tercius impartialis,* que não age *exponte sua,* mas mediante provocação da parte, da qual é equidistante e que representa o poder do Estado. O magistrado, através da **juris+dictio** (jurisdição), ou seja, do poder de **dizer o direito,** decide e sentencia com vistas a dirimir o conflito a ele trazido pelas partes.

No contexto processual, os atos são praticados sob a presidência de um magistrado com competência para a causa e obedecem a normas e tempos (prazos) processuais, dos quais, em regra geral, não podem se afastar sob pena de colocar em risco a higidez do processo face à possibilidade de uma nulidade, parcial ou absoluta. Da sentença de Primeiro Grau – geralmente proferida por um juiz singular, embora nem sempre – há a possibilidade de as partes apresentarem recursos, expressão de irresignação com a solução oferecida pelo magistrado *a quo*, com o pedido de que a causa seja reapreciada por uma instância superior – o Segundo Grau de Jurisdição –, onde os tribunais, havendo condições de admissibilidade e de conhecimento do recur-

[154] A expressão é utilizada para todas as situações de perda capazes de demandar uma reparação no sentido emocional ou psicológico.

so, irão reapreciar o caso *sub judice*, confirmando a sentença anterior ou reformando-a, no todo ou em parte.

Em uma apertada síntese, essa é a trajetória do processo judicial, podendo-se observar desde logo que muitas são as diferenças em relação ao processo psicológico. Neste, por exemplo, não há sujeição ao duplo grau de jurisdição, o papel do juiz é exercido pelo superego, a lei é de natureza taliônica, e a pena não corresponde necessariamente ao delito.

Desse breve apanhado teórico, pode-se ver com clareza que o processo judicial se estabelece em busca da verdade. Senão a verdade real – porque esta é ideal e melhor se manifesta em sua permanente aspiração à Justiça – da verdade material, aquela que exsurge das provas produzidas no processo.

Já o processo psicológico envolve um compromisso do sujeito para consigo mesmo, tratando-se de um processo de natureza intrapessoal (intrasubjetivo), enquanto o direito e o processo judicial resolvem conflitos de natureza interpessoal (intersubjetivo).

A par dessas especificidades que diferenciam o processo psicológico e o processo judicial, pelo prisma da Psicologia Judiciária, – considerada esta como aquela parte da Psicologia Jurídica em que a ciência da psicologia é colocada a serviço do direito, ou como aquele ramo da Psicologia Jurídica que se propõe como uma disciplina auxiliar do direito –, a psicologia pode, de fato, constituir um importante instrumento para auxiliar o processo de obtenção da verdade judicial. A Psicologia Judiciária é uma disciplina de conexão de conhecimentos importantes para os magistrados (mas também para o advogado, para o membro do Ministério Público,[155] para os operadores do direito em geral) na medida em que eles podem se valer da Psicologia Judiciária para o aprimoramento da difícil arte de decidir.

Não resta dúvida de que o operador do direito, qualificado através de uma bagagem de conhecimento sobre hu-

[155] Em diversos países, os membros do Ministério Público também são considerados magistrados e, como tal, também a eles se aplica a mesma dinâmica psicossocial.

manidades, incluindo a Psicologia Judiciária, deve reunir, pelo menos em abstrato, as melhores condições técnicas de realizar sua atividade, cujo fim último é a Justiça.

A questão, portanto, é descobrir como o processo psicológico pode auxiliar na obtenção da verdade judicial.

4.2. O processo psicológico e a obtenção da verdade judicial

Em primeiro lugar, cabe asseverar que somente um processo psicológico bem conduzido será capaz de auxiliar a obtenção da verdade judicial. Para isso, são necessários não apenas recursos materiais, conhecimento e formação especializada naquele tipo de processo, mas a aceitação e a valorização dessa contribuição por juízes e tribunais.

A propósito, assim é o percuciente magistério da Professora Lídia Reis de Almeida Prado,[156] em sua notável obra intitulada *O Juiz e a Emoção*:

> A sentença judicial, embora baseada no conhecimento jurídico, constitui uma decisão como outra qualquer. Por isso, como ocorre em outras áreas do saber, lentamente começa a se notar no Direito a valorização da emoção no ato de decidir, sem ser desconsiderada a racionalidade.

Impende salientar que os aspectos sociais e psicológicos dos magistrados e dos demais atores da cena judiciária nunca são estranhos nem estão alheios à complexa tarefa de jurisdicionar.

Ao tratar dos compromissos psicológicos do juiz, a propósito, preleciona Bittencourt[157] que "sua função se torna difícil, não só exigindo que conheça a índole de quem julga com as deficiências da educação e meio, como também que conheça seu próprio íntimo, onde há autocompromissos com os quais as partes na têm a ver".

Assim, quanto melhor qualificado estiver o magistrado com as contribuições da psicologia, melhor ele poderá distinguir os aspectos intrínsecos de sua personalidade, tanto aqueles de natureza consciente quanto aqueles de na-

---

[156] PRADO, Lídia Reis de Almeida. *O Juiz e a Emoção. Aspectos da Lógica da Decisão Judicial*. Campinas: Millennium, 2008, p. 143.

[157] BITTENCOURT, Edgard de Moura. *O Juiz*. São Paulo: Universitária de Direito, 1982, p. 145.

tureza inconsciente, e saber utilizá-los de maneira adequada para que funcionem como um recurso para enriquecer a sua decisão, e não um obstáculo capaz de gerar dúvida, insegurança ou distorções no momento de valorar a prova, ou mesmo antes, por ocasião das audiências e do contato com as partes e os advogados.

Com efeito, que a personalidade do magistrado possa ser um fator facilitador do desenvolvimento pró-ativo do processo, que será julgado sem preconceitos, sem motivações outras que não os ditames da lei e de sua própria consciência, parece não restar qualquer dúvida. A dimensão inconsciente da personalidade do magistrado deve atuar na perspectiva da aplicação de um direito que seja realmente justo, e não como entrave ao bem julgar.

A respeito, Altavilla,[158] emérito professor da Universidade de Nápoles, assim expressou:

> Pode-se afirmar que a sentença é um fato visto através da personalidade de um juiz, personalidade que se reflete sobre todo o processo de formação de um convencimento. É necessário, portanto, conhecê-la, entendida como síntese da capacidade perceptiva, do temperamento, do caráter, da inteligência, das experiências e conhecimentos do juiz.

Um magistrado culto, conhecedor do direito, com boa técnica processual, possuidor de um manancial ético, pode se aprimorar ainda mais se conhecer também psicologia, se conhecer bem o funcionamento do comportamento humano, das partes, dos demais atores judiciais, mas também se conhecer melhor a si próprio, as suas limitações, os mecanismos de defesa de que normalmente lança mão para fazer frente às situações mais estressantes que a judicadura a todo instante lhe impõe. Portanto, também no aspecto psicológico o juiz deve fazer avanços permanentes. Seu desempenho como magistrado depende de seu aprimoramento como ser humano e como cidadão. Por isso, o investimento na qualificação dos juízes, com certeza, é um investimento no jurisdicionado, mas principalmente o é para a sociedade e para a democracia.

Existem várias maneiras de promover o desenvolvimento psicológico do magistrado. Vejamos algumas delas:

---

[158] ALTAVILLA, Enrico. *Psicologia Judiciária*. Volume II: Personagens do processo penal. 3ª ed. Coimbra: Arménio Amado Editor, 1982, p. 520.

• **Participação em palestras, cursos, estudos de psicologia geral, de psicopatologia, de psicologia jurídica e outros temas da atualidade**: isto pode aumentar o repertório de informações e de conhecimento sobre psicologia que todo e qualquer magistrado deve possuir para bem julgar.

• **Participar de grupos de magistrados**: mediados por um psicólogo de elevada formação técnica, científica e filosófica, onde seja possível que todos relatem as principais dificuldades do jurisdicionar ou de sua comunidade de jurisdicionados, algum processo de especial dificuldade, além de problemas comuns da rotina forense.

• **Participação de grupos de magistrados com finalidade mais específica de troca de experiências**: nesses casos, é imprescindível a mediação por um psicólogo experiente, que saiba manter o rigor do sigilo profissional acerca dos temas tratados, que tenha condições de assegurar a absoluta preservação da identidade dos participantes, e que, se possível, – além de sólidos conhecimentos sobre psicologia, relações humanas, ética e filosofia, – tenha vivência e conhecimento do funcionamento das estruturas judiciais e do próprio direito. Isso ajudará muito a manter a qualidade das relações interpessoais do grupo, possibilitará um vínculo sólido, e facilitará a compreensão daqueles aspectos que são próprios do mundo jurídico, de sua lógica e de suas contradições.

• **Participação em grupos operativos**: com vistas a prevenir, mais do que intervir, nos principais efeitos decorrentes do excesso de processos e de audiências que sistematicamente assolam os juizados, as comarcas e os tribunais, e da elevada responsabilidade ínsita ao ato de julgar, sem dúvida fatores causadores ou desencadeantes, dentre outras situações prejudicais, do estresse crônico ou agudo, da síndrome de *Burnout*, de alterações fisiológicas (tais como hipertensão, gastrite, úlcera, lombalgias, dores de cabeça e enxaqueca, cansaço etc.), psicológicas (desmotivação, perda de interesse pelos outros, angústia, medos e fobias, depressão etc.) e comportamentais (irritabilidade, agressividade, baixa produtividade laboral, humor inadequado, conflitos de relacionamento com colegas ou funcionários etc.).

Além disso, os magistrados deveriam contar com os serviços de psicologia do próprio Tribunal, mas também com um claustro de profissionais autônomos selecionados entre profissionais da mais ilibada conduta e competência dos quais pudessem lançar mão sempre que uma condição processual assim o recomendasse, e ainda, com idêntica liberdade, quando uma situação pessoal ou familiar tornasse esse tipo de suporte necessário.

Por razões que não necessitam serem obrigatoriamente conhecidas pela psicologia judiciária,[159] para nós é certo que um magistrado que se acha em conflito consigo mesmo ou com pessoas com as quais têm de lidar em suas relações de trabalho ou conviver em suas relações familiares, pode, mesmo sem o querer consciente, deixar passar essa condição ou situação pessoal para o campo do processo, permitindo, dessa maneira, uma contaminação do feito, já conflituado por sua própria natureza e especificidade, misturando a problemática pessoal de suas vivências com aquela do processo que irá julgar. Acaso isso venha a ocorrer, o desgaste ao julgador será tão prejudicial quanto o risco que corre o jurisdicionado de não ser prestacionado da maneira a que tem direito. Portanto, o magistrado deve possuir um alto grau de pureza e de potabilidade em seu mundo psicológico (vivências conscientes e inconscientes) para que não aconteça de contaminar ou de contaminar-se, mesclando indevidamente o que é do processo judicial com aquilo que é de sua personalidade.[160]

Nesse sentido, ao comentar o subjetivismo, Altavilla reforça a ideia de que:

> O juízo não é produto do momento, mas é o expoente final da nossa personalidade, e para ser sereno deve lutar contra as nossas dispo-

[159] Essa é uma questão controvertida e que encontra respostas diferentes de acordo com os marcos teóricos que subsidiam as diversas correntes e escolas que compõem a psicologia e sua história.

[160] Trata-se de um fenômeno inconsciente, notadamente conhecido pela psicanálise, que recebe o nome técnico de transferência e contratransferência. Inicialmente, supunha-se que esse fenômeno fosse exclusivo da relação e do espaço psicanalítico. Hoje, entretanto, admite-se como real em todas as relações, dentro e fora do *setting* analítico.

sições orgânicas, inatas, e adquiridas, radicadas em nós pelo hábito, a imposição ou a sugestão, ou também por outros juízos que nós, até então, havíamos considerado como indiscutíveis.[161]

Por outro lado, queremos, entretanto, esclarecer que não somos partidários da ideia proposta por alguns teóricos e mesmo por alguns magistrados de que todos os juízes devessem ser analisados. Da mesma maneira, também não concordamos com a ideia instaurada pelo senso comum de que artistas, cientistas ou gênios, caso fossem psicanalisados, perderiam a sua força criativa. Ao contrário, há indicadores mais do que suficientes a colocar em evidência que, se essas pessoas efetivamente passassem por um processo psicanalítico ou psicoterapêutico, tal experiência expandiria e aumentaria ainda mais o seu potencial criativo. Assim sendo, da mesma forma, um juiz analisado não perderia sua vocação pelo direito e seu amor pela justiça. Ao contrário, aperfeiçoaria seu autoconhecimento. Poderia se tornar ainda mais humano, e suas decisões poderiam ser mais sábias e justas.

O que propomos, portanto, como antes referido, é que se devesse, em nome do aprimoramento profissional, oferecer a todos os magistrados possibilidades de aperfeiçoamento mediante uma formação continuada e permanente, viabilizada através de cursos, palestras, seminários, encontros e, principalmente, de grupos operativos nos quais fosse oportunizado a cada juiz socializar suas vivências com seus próprios pares e trocar experiências de modo a enriquecer cada vez mais o seu repertório técnico, existencial e emocional. Assumimos essa posição com a gravidade de uma exigência ética do magistrado para com o seu jurisdicionado.

Dessa maneira, pretendemos mostrar também que o velho paradigma socrático "conhece-te a ti mesmo" (*Nosce te ipsum/Gnõthi seauton)* e "só sei que nada sei" constitui o verdadeiro pré-requisito para a sabedoria, seja do artista, do cientista, ou do jurista, porque é pressuposto para qualquer espécie de conhecimento e para o desenvolvimento de qualquer tipo de personalidade.

---

[161] ALTAVILLA; Enrico. Op. cit., p. 521. Citação inclusa de GIGNOUX. Le rôle du jugement dans les phénomènes affeticfs. (*Revue philosophique*, vol. LX, p. 233).

Fechado em seu castelo de verdades absolutas, o homem ignorante ataca a realidade porque acredita que seu saber é máximo, enquanto o homem sábio reconhece que nada sabe. Mas a crença do saber máximo irá produzir um saber que, na verdade, é mínimo, enquanto a humildade do saber mínimo abre a possibilidade para um saber que é máximo, pois quem tem consciência de seu não saber é mais sábio do que aquele que supõe tudo saber.

O magistrado jamais poderá ignorar a dúvida (não saber).

De fato, o juiz é um ser que interroga. Interroga o réu, ouve a vítima e as testemunhas, mas, do ponto de vista epistemológico, a cada pergunta que faz é também a si que interroga. Nesse sentido, o magistrado nunca poderá deixar de interrogar a si próprio, de perguntar por quê. À convicção que chega na sentença corresponde sempre à dúvida. A par da sensação de uma tarefa cumprida, semeia outras dúvidas, arremessa a outras perguntas mais profundas que conduzem a reflexão das causas primeiras do conflito humano.

Para tanto, é necessário ter consciência de que nosso conhecimento é sempre parcial e limitado e de que, paradoxalmente, quanto mais conhecemos, mais nos damos conta de que nada sabemos – e do quanto precisamos aprender ainda –, porque a arte é longa, e o conhecimento, infinito.

Da mesma sorte, paralelamente, é imprescindível também que o magistrado aumente o conhecimento sobre si mesmo. O autoconhecimento é um pressuposto para o conhecimento do outro. Mais do que isso, só o autoconhecimento conduz à alteridade, ao mesmo tempo em que o conhecimento do outro remete, outra vez, ao próprio conhecimento. Na verdade, o *ego* só tem sentido perante a um *alter*. *Ego* e *alter* são reciprocamente constitutivos do sujeito, pois é o discurso do outro, a sua desinência[162], que instaura a subjetividade.

Daí a importância que se pode atribuir aos grupos operativos de magistrados enquanto criação de um espaço-tempo privilegiado para o acesso ao mundo interno onde ecoam também os afetos. A formação dos magistrados,

[162] Desinência: as maneiras como o sujeito é designado e constituído pelo outro.

dessa maneira concebida, servindo aos juízes, serviria, por conseguinte, à sociedade, e servindo à sociedade, serviria aos juízes.

Essa dialética permite romper as barreiras existentes entre os que julgam, de um lado, e os que são julgados, de outro. Permite superar todas as formas de maniqueísmo e de exclusão. Ademais, conduz ao desenvolvimento da consciência de que nem tudo é completamente perfeito ou totalmente imperfeito. Todas as coisas têm algo de bom e de mau ao mesmo tempo e é justamente a aceitação dessa ambivalência que levará ao caminho da aceitação das diferenças, o mais elementar dos pressupostos do Estado Democrático de Direito.

Cabe referir ainda que os argumentos antes despendidos, guardadas as peculiaridades de cada ator da cena judicial, valem também para os advogados, para os membros do Ministério Público, para os defensores públicos e para os jurados.

De outra parte, impende destacar a missão de sabedoria do magistrado. A propósito, assim é o ensinamento de Spota:[163]

> O juiz, que ao cumprir com sua função realiza uma justiça individualizada, também tende a formar um direito justo. É certo que a lei é igual para todos; porém, antes da lei se encontra o homem, e aquela – já disseram os antigos – é fita para este e não reciprocamente. Ademais, *o juiz é ao mesmo tempo, mais ou menos conscientemente, juiz das partes e do legislador.*

O eminente professor Mauro Cappelletti,[164] tratando da questão de o juiz ser também um criador do direito, destacava:

> A verdadeira discussão versa não sobre a alternativa criatividade-não criatividade, mas sobre o grau de criatividade e seus modos, limites e legitimidade da criatividade judicial.

Por sua vez, o ilustre desembargador paulista José Renato Nalini (2009, p. 435), a cujos ensinamentos já tivemos a oportunidade de recorrer anteriormente, referindo-se à questão ética do juiz, é taxativo ao dizer que:

---

[163] SPOTA, Alberto. *O juiz, o advogado e a formação do direito através da jurisprudência.* Porto Alegre: Sergio Fabris, 1994, p. 329.

[164] CAPPELLETTI, Mauro. *Giudigi legislatori?* Milano: Giuffrè Editore, 1984, p. 14.

> (...) é defeso ao juiz atuar mecanicamente, de maneira a artificializar a distribuição da justiça. A prestação jurisdicional não é ofício burocrático. O juiz tem de acreditar no que faz e deve adentrar na previsão das conseqüências de sua decisão.

Ou então (2009, p. 436):

> O juiz burocrata e insensível troca a função de solucionador de conflitos pela de multiplicador de injustiças. Isso prejudica a comunidade, mas também prejudica a higidez mental do próprio juiz.

Para concluir logo mais adiante (2009, p. 450) que:

> O destino do juiz neste milênio é liberar-se dos contornos de um agente estatal escravizado à letra da lei, para imbuir-se da consciência de seu papel social. Um solucionador de conflitos, um harmonizador da sociedade, um pacificador. A trabalhar com categorias abertas, mais próximo à equidade do que à legalidade, mais sensível ao sofrimento da partes, apto a ouvi-las e a encaminhar o drama para uma resposta consensual. Enfim, um agente desperto para o valor solidariedade, a utilizar-se do processo como instrumento de realização da dignidade humana e não como rito perpetuador de injustiças.

Por fim, para descrever os *in-puts* e os *out-puts* das decisões judiciais, pode-se referir alguns modelos trazidos por Garrido, Masip e Herrero.[165] Senão vejamos:

1. Modelo silogístico: enraizado no mais rigoroso formalismo legal, o juiz está subsumido à lei: nada mais tem a fazer que operações lógico-mecânicas para submeter o caso concreto à norma.

2. Modelo realista: as decisões judiciais são fruto das preferências pessoais do juiz, expressões de sua subjetividade. O juiz, por este modelo, primeiro decidiria de acordo com sua percepção subjetiva, depois revestiria essa decisão com os elementos retirados da lei, da doutrina e da jurisprudência.

3. Modelo positivista da discricionariedade judicial: O juiz, com seu poder discricionário, escolheria uma das alternativas possíveis da lei e a apresentaria de forma fundamentada através de sua razoabilidade.

4. Modelo da resposta correta de Dworkin: numa postura antidiscricionária, o raciocínio do juiz estaria sempre vinculado a uma moralidade política. Uma decisão ju-

165 GARRIDO, Eugenio; MASIP, Jaume; HERRERO, Maria Carmen. *Psicología Jurídica.*Madri: Pearson Prentice Hall, 2006, p. 205 e seguintes.

dicial estaria justificada quando respeitasse a coerência de princípios que compõem a integridade moral da comunidade. Trata-se, pois, do modelo segundo o qual o Direito, entendido como uma prática interpretativa, leva sempre a uma resposta correta para cada caso concreto mediante argumentos de princípios, que reduzem a discricionariedade dos juízes. Sem limitar a atividade jurisdicional a uma simples operação psico-lógica-mecânica, o juiz garantiria direitos, mas sua função não seria criá-los.

O processo judicial é expressão de um conflito de interesses. A lide são pretensões resistidas. Cabe trazer de empréstimo as palavras de Crombag,[166] citado por Garrido, Masip e Herrero:[167] "provavelmente uma disputa legal é realmente um conflito entre narrações e uma decisão judicial é, na realidade, um teste de credibilidade de duas versões de uma narração".

De maneira genérica, pode-se dizer que, entre as verdades que compõem a lide, qualquer delas, em tese, poderia ser apta para chegar ao fim do processo e ser convertida em verdade judicial pela sentença. Entretanto, não se pode esquecer que as normas jurídicas e as demais fontes do direito, as declarações das partes e os depoimentos das testemunhas, ao lado de todas as demais provas apresentadas no processo, aumentam a probabilidade de que a verdade judicial corresponda à mais fiel recomposição dos fatos. Com mais exatidão ainda: à mais fiel recomposição da memória dos fatos com vistas a uma solução justa do conflito.

4.3. O comportamento de partes e testemunhas

Assim como pode contribuir com praticamente todos os ramos do direito, inclusive para o próprio magistrado enquanto ator da cena judicial e enquanto ser humano sujeito aos conflitos comuns a todos os homens, a psicologia

[166] CROMBAG, H. M. When law and psychology meet. (1989). In: GARRIDO, Eugenio; MASIP, Jaume; HERRERO, Maria Carmen. *Psicología Jurídica.* Madri: Pearson Prentice Hall, 2006.

[167] GARRIDO, Eugenio; MASIP, Jaume; HERRERO, Maria Carmen. *Psicología Jurídica.* Madri: Pearson Prentice Hall, 2006, p. 208.

judiciária também pode colaborar para a compreensão e para o esclarecimento do comportamento das partes e das testemunhas.

Com efeito, as partes são os sujeitos do processo, aqueles que possuem interesses colidentes. Assim, é natural que cada uma delas apresente a sua versão sobre os fatos, sendo essa uma tradução de suas pretensões jurídicas, mas também de todos os seus anseios, angústias e frustrações (não apenas materiais) que, colocadas no processo, serão submetidas à apreciação do juiz. O mesmo, mas no sentido oposto, deve-se esperar da outra parte, aquela adversa.

Uma das importantes contribuições da psicologia judiciária consiste em informar o magistrado de que as pretensões jurídicas da causa estão sendo gravemente alteradas por uma condição psicopatológica da parte, o que talvez lhe retire a capacidade de postular em juízo, ocasião em que torna necessária a presença de um representante legal, a intervenção do Ministério Público e a nomeação de um curador, se for o caso. Outras vezes deve o juiz estar ciente de que a parte, seja aquela que ocupa o polo ativo ou aquela que se encontra no lado passivo da relação jurídico-processual, por dificuldades emocionais, pode apresentar comportamentos inadequados em audiência ou, mais grave do que isso, passar por alguma condição em que aspectos enfermos de sua personalidade sejam desencadeados pelo estresse da própria audiência ou pelo ataque da parte contrária. Nessas ocasiões, portador de conhecimentos básicos de psicologia judiciária, o magistrado saberá adotar o manejo mais adequado para levar a audiência e o processo a bom termo.

No mérito do processo, o magistrado também deverá ser capaz de identificar os indícios de doença mental de qualquer das partes de modo a poder mandar realizar os exames e as avaliações que forem necessárias para o completo esclarecimento da verdade.

Como se pode verificar, conhecer o comportamento é indispensável em qualquer atividade que envolva o ser humano em relação, e muito mais para o magistrado que, em sua rotina de trabalho, lida com pessoas em conflito.

Quanto ao comportamento das testemunhas, deve o magistrado ter um amplo conhecimento de sua tipologia, de suas reações, da maneira característica com que cada uma delas se conduz e percebe a realidade dos fatos, não apenas para maximizar o seu potencial de informações na coleta de dados em audiência, mas principalmente para, no momento da apreciação da prova, saber lhe atribuir o devido valor (axiologia da prova).

Ademais, quem se apresenta para declarar o faz com toda a sua história pessoal, o que torna cada testemunho único e irrepetível.[168]

Embora se possa dizer que existem tantos tipos de testemunhas quanto são os tipos de pessoas, a título meramente exemplificativo, vamos arrolar os mais comuns, seguindo o ensinamento de Oliveira:[169]

a) Testemunha independente: costuma ser o cidadão zeloso de seus deveres. Cumpre a sua função "à letra do juramento legal", com absoluta inflexibilidade. Pode interpretar qualquer tentativa de condução como ofensiva à sua liberdade. Seus valores são rígidos e o arguidor deve explorar a prova a partir dos princípios expostos pela própria testemunha.

b) Testemunha especialmente motivada: esse tipo de testemunha está excessivamente identificado com um aspecto da causa. Depor, para ela, é um acontecimento, e ela acredita que seu depoimento, por si só, irá ditar o rumo do processo. Geralmente essas testemunhas exageram nas suas expressões, deixando revelar seus íntimos desejos de predileção por uma das partes. O risco de distorções da realidade devido à percepção contaminada da testemunha pode conduzir a erros e equívocos.

c) Testemunha ansiosa: a audiência de oitiva de testemunhas é sempre um evento estressante para os sujeitos do processo. As testemunhas ansiosas são aquelas em que o fato de depor desencadeia fortes sentimentos de angústia e expectativa. Algumas vezes a ansiedade decorre do des-

---

[168] ALVAREZ, Héctor Roberto; SARMIENTO, Alfredo. *Sobre Psicología del Testimonio y los Juicios por Jurados*. Buenos Aires: Ediciones del Eclipse, 1997.

[169] OLIVEIRA, Francsco da Costa. *O Interrogatório de Testemunhas. Sua prática na Advocacia*.Coimbra: Edições Almedina, 2007, p. 90 e seguintes.

conhecimento da dinâmica processual e estas testemunhas se sentem amedrontadas e temerosas em relação à responsabilidade de depor. Devido à ansiedade, costumam falar rápido (taquilalia), tomar a parte pelo todo, pois, em verdade, desejam se ver livres o quanto antes do momento ansiogênico que é depor perante o juiz. Estas testemunhas podem apresentar queixas somáticas na hora do depoimento, relacionadas à ansiedade que a situação provoca. Uma das técnicas que se revelam úteis é estabelecer um ambiente de tranquilidade e conforto para a testemunha. Nesses momentos, reduzir a ansiedade pode favorecer capacidade de expressão da testemunha que, sentindo-se mais calma, passa a ser mais informativa e mais exata.

d) Testemunha desfavorável: essas testemunhas geralmente têm um posicionamento *a priori* do processo, ou, de modo mais amplo, uma indisposição para com a justiça ou um preconceito manifesto contra a classe dos advogados, que pode estar associado a experiências desfavoráveis em outras situações judiciais. Em geral, as testemunhas do tipo desfavorável contribuem pouco para esclarecer os fatos.

e) Testemunha hostil: a testemunha do tipo hostil comparece à audiência de modo contrariado e, como a do tipo opositora, não deseja colaborar com o bom andamento do processo. Manifesta antipatia, principalmente em relação às perguntas realizadas pelo representante da parte contrária à que lhe arrolou. Outras vezes, mostra-se hostil com a parte que lhe indicou, pois pode considerá-la culpada ou responsável por ter de estar ali.

f) Testemunha improdutiva: desse tipo de testemunha é muito difícil extrair qualquer contribuição efetiva. Muitas vezes, a testemunha é improdutiva porque efetivamente não possui nenhum conhecimento acerca do *thema probandum*, não tendo com que realmente contribuir. Outras vezes, a improdutividade da testemunha advém de um desejo consciente de não ser produtiva, de não querer se comprometer, ou mesmo de não possuir capacidade intelectiva para contribuir. Conforme ensina Silva (2000, p. 250), às vezes a testemunha não responde porque não sabe, ou porque não quer responder. Só quando a testemunha não responde porque não quer é que seu depoimento deve ser desvalorizado.

g) Testemunha profissional: algumas testemunhas são profissionais que, em decorrência de uma atividade especial, são chamados a depor com alguma frequência, como é o caso de policiais, servidores de postos de atendimento de urgência, guardas de trânsito, fiscais, e outros. Essas testemunhas, em geral, demonstram certo conhecimento do procedimento, mas isso, por si só, não significa que seus depoimentos sejam mais precisos ou fidedignos do que outros. O que acabamos de referir não se confunde com testemunhas profissionais entendidas como aquelas que se oferecerem para depor em contrapartida a uma condição ou benefício. Nesse último caso, estaríamos frente a depoimentos viciados, comprometidos, e possivelmente falsos, situações que merecem repúdio não apenas ético, mas também jurídico. Quando houver indícios de se tratar de falso testemunho, deve o juiz *ex officio*, ou a requerimento do promotor de justiça ou da parte, remeter cópias do depoimento para o Ministério Público com atribuição para tomar as devidas providências no âmbito penal, e, assim, promover a responsabilização criminal da testemunha por crime contra a Administração da Justiça.[170]

Outras classificações:

a) Testemunha cooperativa: este tipo de testemunha é contributivo. Tem consciência de que o seu papel é colaborar e cooperar com a justiça.

b) Testemunha opositora: esta testemunha se apresenta contrariada em juízo e manifesta sua oposição em gestos e palavras, sendo muito difícil manejá-la produtivamente.

---

[170] Código Penal – Art. 342. Fazer afirmação falsa, ou negar ou calar a verdade como testemunha, perito, contador, tradutor ou intérprete em processo judicial, ou administrativo, inquérito policial, ou em juízo arbitral: (Redação dada pela Lei nº 10.268, de 28.8.2001). Pena – reclusão, de um a três anos, e multa. § 1º As penas aumentam-se de um sexto a um terço, se o crime é praticado mediante suborno ou se cometido com o fim de obter prova destinada a produzir efeito em processo penal, ou em processo civil em que for parte entidade da administração pública direta ou indireta.(Redação dada pela Lei nº 10.268, de 28.8.2001). § 2º O fato deixa de ser punível se, antes da sentença no processo em que ocorreu o ilícito, o agente se retrata ou declara a verdade. (Redação dada pela Lei nº 10.268, de 28.8.2001).

De acordo com as características de personalidade, as testemunhas ainda podem ser classificadas em:

a) Testemunha extroverida: as testemunhas do tipo extrovertido são mais comunicativas e espontâneas. Expõem com facilidade e se mostram cooperativas. Entretanto, tendem a falar demais, desviando-se do foco e fazendo comentários laterais nem sempre contributivos para o julgamento. Sentem-se desprestigiadas quando interrompidas e se não conseguem dizer tudo aquilo que gostariam de dizer.

b) Testemunha introverida: as testemunhas do tipo introvertido são fechadas e falam pouco. Precisam ser estimuladas a prosseguir no depoimento através de perguntas motivadoras. Seus depoimentos costumam ser curtos e breves, pois elas medem e economizam as palavras.

Como antes mencionado, resta sublinhar que a questão da verdade judicial fica evidenciada pelas denominadas sentenças contraditórias. Em outras palavras, se a lei aplicável é a mesma, fatos idênticos mereceriam idêntica sentença.

Entretanto, o problema não é tão simples como pode parecer em um primeiro momento. O fundamento de uma decisão judicial não pode ser reduzido somente à lei. Fato, valor e norma são elementos intrinsecamente correlatos,[171] e o que está em cena é a construção de uma realidade social dinâmica e complexa, cujo registro se inscreve tanto no mundo do ser como no mundo do dever-ser. Do ponto de vista epistemológico, a verdade não reside no objeto (como postula o objetivismo) nem no sujeito (como pretende o subjetivismo), mas radica na relação cognoscente que se estabelece nesse espaço do *entre*: entre o sujeito que conhece e o objeto cognoscível.

Assim sendo, as decisões judiciais perpassam os modelos racionalistas da lógica-científica e da narração-descritiva. Num certo sentido, as decisões judiciais não podem ser submetidas aos postulados de cientificidade calcados no princípio da refutabilidade, uma vez que as possibilidades de falseamento (falseabilidade) e de verificação (verifi-

[171] A propósito, ver: REALE, Miguel. *Teoria Tridimensional do Direito*. São Paulo: Saraiva, 1978.

cabilidade) são relativas, mas também não podem ficar ao arbítrio da livre vontade.

Como o processo judicial versa sobre fatos que já aconteceram num momento cronológico passado – o direito é sempre *ex post factum*, e os fatos têm como característica o seu exaurimento e a sua resolutividade no plano da sua existência – resta ao direito possibilitar que se demonstre, não propriamente os fatos na sua essência constitutiva, mas a prova identitária dos fatos, isto é, por meio da constituição de um discurso (*dictum*), quando se trata da prova testemunhal, mas também por meio de elementos não verbais, quando se cuida de prova material, documental ou pericial. Entretanto, num e noutro caso, sempre através de um objeto-subjetivo, que é aquilo que é dito sobre aquilo que aconteceu.[172] Nesse sentido, um direito alheio a qualquer reclame às emoções é praticamente impensável.[173]

Com efeito, ao contrário do que supõe o senso comum, os fatos são proteicos, metamórficos, líquidos, na feliz expressão de Bauman.[174] Ocorrido o fato na sua inerente singularidade, especificidade e temporalidade, ele não mais poderá se repetir, tornando-se redutível ao dito de que aconteceu, seja porque no que seu existir deixou sinais materiais que permitem a evocação de sua lembrança (prova material), seja porque deixou marcas sob forma de memórias, isto é, indicadores mnêmicos que podem ser recordados – (*re-cordis:* passar de novo pelo coração) e que dependem necessariamente da função psíquica da memória e também da atribuição de um sentido que obrigatoriamente se inscreve no registro da subjetividade.[175]

No mesmo sentido é o ensinamento de Garrido, Masip e Herrero,[176] quando referem que "o processo judicial é

---

[172] GULOTTA, Guglielmo. *La investigazione e la corss-examination*. Milano: Giuffrè, 2003.

[173] NUSSBAUM, Martha C. *Nascondere l'umanità. Il disgusto, la vergogna, la legge.* Roma: Carocci Editore, 2005, p. 22.

[174] BAUMAN, Zygmunt. *Modus vivendi*. Roma-Bari: Laterza, 2007.

[175] Nesse parágrafo, seguimos literalmente o que consta em nosso Manual, p. 230. Para ler mais: TRINDADE, Jorge. *Manual de Psicologia Jurídica*. 6ª edição. Porto Alegre: Livraria do Advogado, 2012.

[176] GARRIDO, Eugenio; MASIP, Jaume; HERRERO, Maria Carmen. *Psicología Jurídica*.Madri: Pearson Prentice Hall, 2006, p. 208.

o desafio entre partes antagônicas acerca da ocorrência histórica de alguns fatos, e em nenhum lugar melhor do que no processo se poderia afirmar o tão debatido nas orientações construtivistas (pós-modernas, antipositivistas...) de que *os fatos nunca falam de si mesmos*". O poeta Juan Carlos Onetti,[177] em outra versão, referia que *os fatos são sempre vazios (...), são recipientes que tomarão a forma dos sentimentos que os preenche.*

Por derradeiro, cabe ainda recordar a diferenciação entre verdade formal e verdade material. A verdade judicial é aquela do processo. Entretanto, o processo, enquanto expressão de um conjunto de atos que tendem a um determinado fim, ainda que adstrito à verdade formal, possui uma aspiração ideal, qual seja aquela de ver coincidir a verdade formal com a verdade real, o Direito com a Justiça.

De uma maneira ou de outra, podemos dizer que o sentido passa e perpassa pelo que é sentido.

[177] Citado por BENEDETTI, Mario, *Cuentos Completos*. Buenos Aires: Seix Barral-Biblioteca Mayor, 1994.

Considerações Finais

"O juiz sensível e destemido não pode senão ser rebelde".
(Nalini, 2008, p. 301)

Como salientado no início de nosso trabalho,[178] a intenção deste livro foi discutir apenas os tópicos de Psicologia Judiciária referidos pela Resolução nº 75/09 do Conselho Nacional de Justiça e, dessa forma, contribuir, ainda que de modo muito modesto, na preparação do estudante que se encontra diante da necessidade de se preparar para o concurso de ingresso na Carreira da Magistratura.

Como ficou fácil perceber, tratou-se de uma seleção de temas e, como toda seleção, implicou a escolha de alguma coisa em detrimento de muitas outras.

No caso, limitamo-nos aos itens referidos na Resolução 75, cabendo observar que, em matéria de Psicologia Judiciária, há outros tópicos e assuntos de grande interesse que constituem o núcleo temático da atual Psicologia a serviço do Direito[179] (Síndrome de Alienação Parental, Síndrome de *Munchausen*, Síndrome de Estocolmo, a problemática das falsas memórias e das memórias distorcidas, o transtorno de conduta, o transtorno de personalidade antissocial e a psicopatia, ao lado da problemática da imputabilidade penal – responsabilidade plena, reduzida e inimputabilidade –, bem como do abuso sexual infantil, do sistema de oitiva de testemunhas e vítimas, onde especial destaque merece

[178] Ver: Nota dos autores, p. 11.

[179] Para o estudo desses tópicos remetemos o interessado para: TRINDADE, Jorge. *Manual de Psicologia Jurídica para Operadores do Direito*. 6ª edição. Porto Alegre: Livraria do Advogado, 2012.

o debate sobre o instituto do Depoimento Com Redução de Dano).[180]

Por outro lado, a maneira como os pontos de Psicologia Judiciária são apresentados no Anexo VI da Resolução nº 75/09 determinou a ênfase na pessoa do magistrado, razão pela qual tornou imprescindível uma aproximação do texto com as questões deontológicas. Nem poderia ser diferente, pois, em se tratando de um programa para a seleção de magistrados, a questão ética e profissional é nuclear. De fato, para qualquer cidadão, a dimensão ética é importante, mas para o juiz ela é fundamental.[181]

Nessa mesma linha de raciocínio, e para nos mantermos fiéis aos tópicos constantes da Resolução 75/09, o debate sobre a questão da interpretação da lei e da criação do direito foi outra ênfase, embora apresentada de maneira muito sucinta na medida em que ela reaparece em outras disciplinas do rol humanístico do Anexo IV. E, da mesma forma, parece que não poderia ser diferente. A problemática da interpretação é medular para o juiz, pois, como bem refere Nalini,[182]

> (...) penetrar na riqueza e profundidade do universo *interpretativo* confere à função judicial nítido salto qualitativo. Interpretar é mais do que aplicar a norma. É atingir a potencialidade de seu âmago, é saber extrair dela toda a sua abrangência, é completar – de maneira criativa – a originalidade do legislador.

Com efeito, basta lembrar que qualquer pessoa que experimente decidir, ainda que se trate de aspectos da vida cotidiana, vivencia de maneira concreta a impossibilidade de dissociar razão e emoção. Com o juiz, não pode ser diferente, salvo o fato de que ele tem a obrigação de fundamentar as suas decisões.[183] De fato, a obrigação legal que o magistrado possui de fundamentar suas decisões configura atitude de demonstração ética de legitimação de sua posição. Significa escolher uma das soluções possíveis para

---

[180] A propósito: CEZAR, José Antônio Daltoé. *Depoimento Sem Dano*. Porto Alegre: Livraria do Advogado, 2007. Prefácio de Jorge Trindade.

[181] Por fundamental também se pode referir àquilo que fundamenta o mental.

[182] NALINI, José Renato. *A Rebelião da Toga*. Campinas (SP): Millennium, 2008, p. 317.

[183] Conforme art. 93, inciso IX, da CF.; arts. 165 e 458 do CPC; e art. 381 do CPP.

o conflito que, na sua fundamentada apreciação valorativa, é percebida como aquela que melhor se aproxima do ideal de justiça.

Entretanto, como assinala Beneti,[184] o inconsciente norteia, em grande parte, a opção entre as escolhas possíveis do julgamento, confirmando a hipótese de que existe uma dinâmica psicossocial própria das decisões judiciais.

Por outro lado, toda interpretação é também um ato político, uma visão de mundo, pois a única certeza possível é a de que não há certeza na palavra abstrata da lei. Isso torna necessária a passagem ao ato, à externalização de algo que nasce do interior daquele que tem a missão de julgar, e este movimento centrífugo, que vai do interior para o exterior, materializa-se na sentença,[185] uma vez que a norma é sempre abstrata, teorética, genérica, enquanto o fato é concreto, prático e específico.

O espaço entre a norma e o fato constitui precisamente o território da interpretação, que outra coisa não é que um gesto criativo de atualização da norma – que é estática – à dinâmica da vida representada pelo fato, uma aproximação que vai de um valor interno que radica na psique, a um valor externo que provém da norma, e ambos devem se encontrar na perfectibilização sincrônica daquilo que é justo, na encruzilhada dialética da justiça.

A par disso, procuramos contemplar os problemas atuais da psicologia com reflexo no direito, com destaque ao assédio moral e ao assédio sexual, mas antes foi necessário um breve passeio pelas noções básicas de psicopatologia, bem como versar sobre a teoria do conflito e os mecanismos autocompositivos (Mediação, Conciliação, Arbitragem e Negociação), para, logo depois, abarcar o processo psicológico e a obtenção da verdade judicial, e, finalmente, trazer à luz alguns contributos sobre o comportamento das partes e testemunhas.

---

[184] BENETI, Sidinei Agostinho. Personalidade e Opções Psicológicas de Julgamento. Em: PELUSO, Antonio Cezar e NAZARETH, Elkiana Ribert (Coord.). *Psicanálise, Direito, Sociedade. Encontros Possívies.* São Paulo: Quartier Latin, 2006, p. 246.

[185] Não é por nada que sentença vem de sentir/ouvir, e não de razão, embora à sentença deva ser atribuida razoabilidade, isto é, aquele bom-senso que decorre da razão, pois a razão sem emoção é fria, e a emoção sem razão é cega.

Curta, porém difícil caminhada, pois, como refere Beneti,[186] os fatos não são colocados dentro dos autos pela lei e, muito menos, não são entronizados no psiquismo do juiz pela lei ou pelas partes. Um mecanismo muito mais complexo entra em cena para operar a representação da realidade objetiva apresentada pelas partes, por seus advogados e testemunhas, que acontece no psiquismo do magistrado, não se devendo esquecer que somente podemos falar de uma objetividade que subsiste a uma subjetividade.

Cumprida essa trajetória, parece que voltamos ao ponto de partida. Todavia, essa sensação é apenas ilusória, pois, semelhantemente ao percurso de uma espiral, o ponto que se repete está situado em outra altura.

O que fica em aberto é a esperança de que, dessa maneira, ainda que de forma muito singela, contribuímos para realizar o sonho de aproximar o Direito e a Psicologia, mostrando que realmente essas duas disciplinas estão "condenadas" a dar as mãos.

---

[186] BENETI, Sidinei Agostinho. Personalidade e Opções Psicológicas de Julgamento. Em: PELUSO, Antonio Cezar e NAZARETH, Elkiana Ribert (Coord.). *Psicanálise, Direito, Sociedade. Encontros Possívies.* São Paulo: Quartier Latin, 2006, p. 246.

Referências Bibliográficas

ALTAVILLA, Enrico. *Psicologia Judiciária.* Volume II: Personagens do processo penal. Coimbra: Arménio Amado Editor, 1982.

ALVAREZ, Héctor Roberto; SARMIENTO, Alfredo. *Sobre Psicología del Testimonio y los Juicios por Jurados.* Buenos Aires: Ediciones del Eclipse, 1997.

ALVIM, José Eduardo Carreira. *Tratado Geral da Arbitragem.* Belo Horizonte: Mandamentos, 2000.

ASSOCIAÇÃO AMERICANA DE PSIQUIATRIA. DSM IV-R. *Manual Diagnóstico e Estatístico de Transtornos Mentais.* Porto Alegre:Artmédica, 1998.

ATAÍDE JUNIOR, Vicente de Paula. *O Novo Juiz e a Administração da Justiça.* Repensando a Seleção, a Formação e a Avaliação dos Magistrados no Brasil. Curitiba: Juruá, 2006.

AZEVEDO. André Goma de. (org.) *Estudos em arbitragem, mediação e negociação.* Brasília: Brasília Jurídica, 2002.

BARRETO. Margarida Maria Silveira. *Assédio moral*: ato deliberado de humilhação ou uma "política da empresa" para livrar-se dos trabalhadores indesejados. Disponível em «http://www.cremesp.org.br/revistasermédico/nova_revista/corpo.php?Materiald=40». Acesso em: 18 set. 2009.

BAUMAN, Zygmunt. *Modus vivendi.* Roma-Bari: Laterza, 2007.

BAUMGART, Amália. *Lecciones Introductorias de Psicopatología.* 2ª ed. Buenos Aires: Eudeba, 2006.

BENETI, Sidinei Agostinho. Personalidade e Opções Psicológicas de Julgamento. In: PELUSO, Antonio Cezar; NAZARETH, Elkiana Ribert (Coord). *Psicanálise, Direito, Sociedade. Encontros Possívies.* São Paulo: Quartier Latin, 2006

BITTENCOURT, Edgard de Moura. *O Juiz.* São Paulo: Universitária de Direito, 1982.

BOCK, A. M. B.; FURTADO, O.; TEIXEIRA, M. L. *Psicologias:* uma introdução ao estudo de psicologia. São Paulo: Saraiva, 1999.

BREITMAN, Stella; PORTO, Alice C. *Mediação familiar:* uma intervenção em busca da paz. Porto Alegre: Criação Humana, 2001.

BUBER, Martin. *Do diálogo e do Dialógico.* São Paulo: Perspectiva, 1982.

CAIRES, M. A. F. *Psicologia jurídica*: implicações conceituais e aplicações práticas. São Paulo: Vetor, 2003.

CAPPELLETTI, Mauro. *Giudigi legislatori?* Milano: Giuffrè Editore, 1984.

CARDONE, Mary. O assédio Sexual como justa causa. *Repertório IOB de Jurisprudência.* São Paulo. IOB, n. 23/24, v. 6 fev, 2001.

CARMONA, Carlos Alberto. *A arbitragem no processo civil brasileiro.* São Paulo: Malheiros, 1992.

CARNEIRO, Athos Gusmão. A Conciliação no Novo Código de Processo Civil. *Revista Forense*: Rio de Janeiro, v. 251, n. 865/867, jul./set., 1975.

CECCARELLI, Paulo Roberto. A contribuição da Psicopatologia Fundamental para a Saúde Mental. *Revista Latinoamericana de Psicopatologia Fundamental*. São Paulo. VI, I, março 2003, 13-25.

CHANLAT, Jean-François. Por uma antropologia da condição humana nas organizações. In: CHANLAT, Jean-François (Coord.) *O indivíduo na organização: dimensões esquecidas*. São Paulo: Atlas, v.1, 1996, p. 21-45.

CHARAM, Isaac. *O estupro e Assédio Sexual*: como não ser a próxima vítima. Rio de Janeiro: Rosa dos Tempos, 1997.

COLEGIO OFICIAL DE PSICÓLOGOS DE ESPAÑA. *Perfiles profissionales del psicólogo*. Madrid, 1998.

CRISGIOVANNI, C. L. M.; SIQUEIRA, I. L. S. M. A contribuição da psicologia para a formação dos magistrados. In: CARVALHO, M. C. N.; MIRANDA, V. R. (Orgs). *Psicologia jurídica: temas de aplicação*. Curitiba: Juruá, 2007.

CROMBAG, H. M. When law and psychology meet. (1989). In: GARRIDO, Eugenio; MASIP, Jaume; HERRERO, Maria Carmen. *Psicología Jurídica*. Madri: Pearson Prentice Hall, 2006.

DANTE, Martinelli; VENTURA, Carla; MACHADO, Juliano. *Negociação Internacional*. São Paulo: Atlas, 2004.

DAHLKE, Rüdiger. *A doença como símbolo* – pequena enciclopédia de psicossomática – São Paulo: Editora Cultrix, 1996.

DEJOURS, Christophe. Uma nova visão do sofrimento humano nas organizações In: CHANLAT, Jean-François (Coord.). *O indivíduo na organização; dimensões esquecidas*. São Paulo: Atlas, v.1, p. 149-174, 1996.

DOLINGER, Jacob; TIBURCIO, Carmen. *Direito Internacional Privado* – Arbitragem Comercial Internacional. Rio de Janeiro: Renovar, 2003.

EY, Henry; BERNARD, P.; BRISSET, C. *Manual de Psiquiatria*. São Paulo: Livraria Atheneu, 1985.

FERREIRA SOBRINHO, José Wilson. Assédio sexual e justa causa. *Repertório IOB de jurisprudência*. São Paulo: IOB, fev. nº 4, 1996.

FIORELLI, José Osmir; FIORELLI, Maria Rosa; MALHADAS, Marcos Julio Olivé. *Assédio Moral*: uma visão multidisciplinar. São Paulo: LTr, 2007.

FISCHER, Roger; PATTON, Bruce e URY, William. *Como chegar ao sim*: a Negociação de Acordos sem Concessões. Rio de Janeiro: Editora Imago, 1994.

FONTES, Flávio Fernandes. *O conflito psíquico na teoria de Freud*. São Paulo: Psyche, nº 23, dez. vol. 12, 2008.

FREITAS, Maria Ester de. Assédio moral e assédio sexual: faces do poder perverso nas organizações. *Revista de Administração de Empresas*. São Paulo: FGV, v. 41, nº 2, p. 8-19, 2001.

FREUD, Sigmund. A perda da realidade na neurose e psicose. (1924). In *Obras completas*. Rio de Janeiro: Imago, 1987, volume XIX, p. 229-38.

GARCEZ, José Maria Rossani. *Negociação, ADRS, mediação, conciliação e arbitragem*. Rio de Janeiro: Lumen Juris, 2004.

GARRIDO, Eugenio; MASIP, Jaume; HERRERO, Maria Carmen. *Psicología Jurídica*. Madri: Pearson Prentice Hall, 2006.

GIGLIO, Wagner. *A conciliação nos dissídios individuais de trabalho*. 2ª ed. Porto Alegre: Síntese, 1997.

GULOTTA, Guglielmo. *La investigazione e la corss-examination*. Milano: Giuffrè, 2003.

HIRIGOYEN, Marie-France. *Assédio moral: a violência perversa do cotidiano*. 5ª ed. Rio de Janeiro: Bertrand do Brasil, 2002a.

——. *Mal estar no trabalho*: redefinindo o assédio moral. Rio de Janeiro: Bertrand do Brasil, 2002b.

IHERING, Rudolf von. *A luta pelo direito*. Rio de Janeiro: Editora Forense, 1987.

JASPERS, Karl. *Psicopatologia Geral* – Psicologia compreensiva, explicativa e fenomenológica. 8ª ed. São Paulo: Atheneu, 2003.

JESUS, Damásio E. de. Assédio sexual: primeiros posicionamentos. *Jus Navigandi*, Teresina, ano 5, n. 51, out. 2001. Disponível em: www.ambitojuridico.com.br/pdfsgerados/artigos/2552.pdf. Acesso em: 14 set. 2009.

JUCÁ, Paulo Albuquerque Viana. *Revista Jurídica*. São Paulo: LTr, vol. 61 nº 2, fev. 1997.

KAPLAN, H. I.; SADOCK, B. J.; GREEB, A. J. *Compêndio de psiquiatria, ciência do comportamento e psiquiatria clínica*. Rio de Janeiro: Artmed, 2003.

LIPPMANN, Ernesto. *Assédio Sexual nas Relações do Trabalho*. São Paulo: LTr, 2001.

MARODIN, Marilene; BREITMAN, Stella. A Prática Moderna da Mediação: Integração entre a Psicologia e o Direito. In: ZIMERMAN, David; COLTRO, Antônio Carlos Mathias. *Aspectos Psicológicos na Prática Jurídica*. 2ª ed. rev., atual., ampl. São Paulo: Millennium Editora., 2008.

MOORE, Burness E. FINE, Bernard D. *Termos e Conceitos Psicanalíticos*. Porto Alegre: Artes Médicas, 1992.

MORIN, Edgar. *O Desafio do Século XXI*. Religar os Conhecimentos. Lisboa: Instituto Piaget, 1999.

MYRA Y LOPEZ, Emílio. *Manual de Psicologia Jurídica*. Campinas: Péritas, 2000.

NALINI, José Renato. *A Rebelião da Toga*. 2ª ed. Campinas: Millennium, 2008.

——. *Ética geral de Profissional*. 7ª ed. São Paulo: Revista dos Tribunais, 2009.

NERY JUNIOR, Nelson; NERY, Rosa Maria de Andrade. *Código de Processo Civil Comentado e Legislação Extravagante*. 9ª ed. rev., atual. e ampl. São Paulo: Revista dos Tribunais, 2006.

——; ——. *Constituição Federal comentada e legislação constitucional*. São Paulo: Revista dos Tribunais, 2006.

NUSSBAUM, Martha C. *Nascondere l'umanità. Il disgusto, la vergogna, la legge*. Roma: Carocci Editore, 2005.

OLIVEIRA, Francsco da Costa. *O Interrogatório de Testemunhas*. Sua prática na Advocacia. Coimbra: Almedina, 2007.

ORGANIZAÇÃO MUNDIAL DA SAÚDE. CID-10 *Classificação Estatística Internacional de Doenças e Problemas Relacionados à Saúde*. 10ª rev. São Paulo: Universidade de São Paulo, 1997.

POPOLO, Juan H. del. *Psicologia judicial*. Mendonza: Ediciones Juridicas Cuyo, 1996.

PRADO, Lídia Reis de Almeida. *O Juiz e a Emoção. Aspectos da Lógica da Decisão Judicial*. Campinas: Millennium, 2008.

RICHE, Cristina Ayoub. *Lei de Arbitragem nº 9.307/96* – uma solução alternativa para os conflitos de ordem jurídica. Rio de Janeiro: UniverCidade, 2001.

RISKIN, Leonard L. Compreendendo as orientações, estratégias e técnicas do mediador: um padrão para iniciantes. *In:* AZEVEDO, André Gomma de (Org.). *Estudos em Arbitragem, Mediação e Negociação*. Brasília: Brasília Jurídica, 2002.

RODRIGUES, Horácio Wanderlei, *apud* RICHE, Cristina Ayoub. *Lei de Arbitragem nº 9.307/96* – uma solução alternativa para os conflitos de ordem jurídica. Rio de Janeiro: UniverCidade, 2001.

RUBIO, Ana Martos. *No puedo Más!*: Las mil caras del maltrato psicológico. Madrid: Mercedes Rico Grau, 2003.

SALES, Lília Maia de Morais; VASCONCELOS, Mônica Carvalho. *Mediação Familiar*: um estudo histórico social das relações de conflitos nas famílias contemporâneas. Fortaleza: Expressão Gráfica e Editora Ltda, 2006.

——. *Justiça e mediação de conflitos*. Belo Horizonte: Del Rey, 2003.

SANTOS, Murili Angeli Dias dos. *Psicologia jurídica: implicações conceituais e aplicações práticas*. Disponível em: http://pepsic.bvs-psi.org.br/pdf/psicousf/v10n2/v10n2a13.pdf. Acesso em: 18. set.2009.

SARAMAGO, José. *Discursos de Estocolmo*. Lisboa: Editorial Caminho, 1999.

SERPA, Maria de Nazareth. *Teoria e Prática da Mediação de Conflitos*. Rio de Janeiro: Lumen Juris, 1999.

SOLOMON, Philip; PATCH, D. Vernon. *Manual de psiquiatra*. 12ª ed. São Paulo: Editora Atheneu, 1975.

SPOERRI. T. H. *Manual de Psiquiatria, Fundamentos da Clínica Psiquiatra*. 8ª ed. Rio de Janeiro, São Paulo: Livraria Atheneu, 1988.

SPOTA, Alberto. *O juiz, o advogado e a formação do direito através da jurisprudência*. Traduzido por Jorge Trindade. Porto Alegre: Sergio Fabris, 1994.

STRENGER, Irineu. *Da autonomia da Vontade*: direito interno e internacional. 2ª ed. São Paulo: LTr, 2000.

TAGO, Sângela Teiko. Assédio Sexual nas relações de trabalho. Dourados: *Revista Jurídica UNIGRAN*, v.4 n.7 jan/jul., p. 143-158, 2002.

TAVARES, Fernando Horta. *Mediação e Conciliação*. Belo Horizonte: Mandamentos, 2002.

THOME, Candy Florencio. *O Assédio Moral nas relações de emprego*. São Paulo: LTr, 2008.

THOMÉ, Liane Maria Busnello. *Dignidade da Pessoa Humana e Mediação Familiar*. Porto Alegre, Livraria do Advogado, 2010.

TRINDADE, Jorge. *Manual de Psicologia Jurídica para operadores do Direito*. 6ª ed. rev. e ampl. Porto Alegre: Livraria do Advogado, 2012.

VEZZULA, Juan Carlos. *Teoria e Prática da Mediação*. Paraná: Instituto de Mediação e Arbitragem do Brasil, 1998.

VIEIRA, José Luiz Leal. *Um novo desafio para o judiciário:* o juiz líder. Porto Alegre: Tribunal de Justiça do Estado do Rio Grande do Sul, Departamento de Artes Gráficas, 2009.

WARAT, Luiz Alberto. Ecologia, Psicanálise e Mediação. In: WARAT, Luiz Alberto (org.) *Em nome do acordo: a mediação no direito*. 2ª ed., Buenos Aires: Associação Latino Americana de Mediação, Metodologia e Ensino do Direito, 1999.

WATZLAWICK, Paul. *Il linguaggio del cambiamento*. Milano: Feltrinelli, 1999.

ZAJDSNAJDER, Luciano. *Teoria e Prática da Negociação*. Rio de Janeiro: José Olympio, 1985.

ZIMERMAN, David. A influência dos Fatores Psicológicos Inconscientes da Decisão Jurisdicional. In: ZIMERMAN, David e COLTRO, Antônio Carlos Mathias (Org.). *Aspectos Picológicos na Prática Jurídica*. Campinas: Millennium Editora, 2008.

Anexos

RESOLUÇÃO Nº 75, DE 12 DE MAIO DE 2009

CONSELHO NACIONAL DE JUSTIÇA

Dispõe sobre os concursos públicos para ingresso na carreira da magistratura em todos os ramos do Poder Judiciário nacional.

O PRESIDENTE DO CONSELHO NACIONAL DE JUSTIÇA, no uso de suas atribuições constitucionais e regimentais, e

CONSIDERANDO que, nos termos do art. 103-B, § 4º, inciso I, da Constituição da República, compete ao Conselho Nacional de Justiça zelar pela autonomia do Poder Judiciário e pelo cumprimento do Estatuto da Magistratura, podendo expedir atos regulamentares, no âmbito de sua competência, ou recomendar providências;

CONSIDERANDO que o ingresso na magistratura brasileira ocorre mediante concurso público de provas e títulos, conforme o disposto no art. 93, inciso I, da Constituição da República, observados os princípios constitucionais da legalidade, impessoalidade, moralidade, publicidade e eficiência;

CONSIDERANDO a multiplicidade de normas e procedimentos distintos por que se pautam os Tribunais brasileiros na realização de concursos para ingresso na magistratura, com freqüentes impugnações na esfera administrativa e/ou jurisdicional que retardam ou comprometem o certame;

CONSIDERANDO a imperativa necessidade de editar normas destinadas a regulamentar e a uniformizar o procedimento e os critérios relacionados ao concurso de ingresso na carreira da magistratura do Poder Judiciário nacional;

RESOLVE:

CAPÍTULO I
DAS DISPOSIÇÕES GERAIS
Seção I
Da abertura do concurso

Art. 1º O concurso público para ingresso na carreira da magistratura é regulamentado por esta Resolução.

Art. 2º O ingresso na carreira, cujo cargo inicial será o de juiz substituto, far-se-á mediante concurso público de provas e títulos, de acordo com os arts. 93, I, e 96, I, "c", da Constituição Federal.

Parágrafo único. O provimento dos cargos será feito de acordo com a disponibilidade orçamentária e a necessidade do serviço.

Art. 3º A realização do concurso público, observadas a dotação orçamentária e a existência de vagas, inicia-se com a constituição da respectiva Comissão de Concurso, mediante resolução aprovada pelo órgão especial ou Tribunal Pleno.

Parágrafo único. A Comissão de Concurso incumbir-se-á de todas as providências necessárias à organização e realização do certame, sem prejuízo das atribuições cometidas por esta Resolução, se for o caso, às Comissões Examinadoras e à instituição especializada contratada ou conveniada para realização da prova objetiva seletiva.

Art. 4º Às vagas existentes e indicadas no edital poderão ser acrescidas outras, que surgirem durante o prazo de validade do concurso.

Seção II

Das etapas e do programa do concurso

Art. 5º O concurso desenvolver-se-á sucessivamente de acordo com as seguintes etapas:

I – primeira etapa – uma prova objetiva seletiva, de caráter eliminatório e classificatório;

II – segunda etapa – duas provas escritas, de caráter eliminatório e classificatório;

III – terceira etapa – de caráter eliminatório, com as seguintes fases:

a) sindicância da vida pregressa e investigação social;

b) exame de sanidade física e mental;

c) exame psicotécnico;

IV – quarta etapa – uma prova oral, de caráter eliminatório e classificatório;

V – quinta etapa – avaliação de títulos, de caráter classificatório.

§ 1º A participação do candidato em cada etapa ocorrerá necessariamente após habilitação na etapa anterior.

§ 2º Os tribunais poderão realizar, como etapa do certame, curso de formação inicial, de caráter eliminatório ou não.

Art. 6º As provas da primeira, segunda e quarta etapas versarão, no mínimo, sobre as disciplinas constantes dos Anexos I, II, III, IV e V, conforme o segmento do Poder Judiciário nacional. As provas da segunda e quarta etapas também versarão sobre o programa discriminado no Anexo VI.

Seção III

Da classificação e da média final

Art. 7º A classificação dos candidatos habilitados obedecerá à ordem decrescente da média final, observada a seguinte ponderação:

I – da prova objetiva seletiva: peso 1;

II – da primeira e da segunda prova escrita: peso 3 para cada prova;

III – da prova oral: peso 2;

IV – da prova de títulos: peso 1.

Parágrafo único. Em nenhuma hipótese, haverá arredondamento de nota, desprezadas as frações além do centésimo nas avaliações de cada etapa do certame.

Art. 8º A média final, calculada por média aritmética ponderada que leve em conta o peso atribuído a cada prova, será expressa com 3 (três) casas decimais.

Art. 9º Para efeito de desempate, prevalecerá a seguinte ordem de notas:

I – a das duas provas escritas somadas;

II – a da prova oral;

III – a da prova objetiva seletiva;

IV – a da prova de títulos.

Parágrafo único. Persistindo o empate, prevalecerá o candidato de maior idade.

Art. 10. Considerar-se-á aprovado para provimento do cargo o candidato que for habilitado em todas as etapas do concurso.

Parágrafo único. Ocorrerá eliminação do candidato que:

I – não obtiver classificação, observado o redutor previsto no art. 44, ficando assegurada a classificação dos candidatos empatados na última posição de classificação;

II – for contraindicado na terceira etapa;

III – não comparecer à realização de qualquer das provas escritas ou oral no dia, hora e local determinados pela Comissão de Concurso, munido de documento oficial de identificação;

IV – for excluído da realização da prova por comportamento inconveniente, a critério da Comissão de Concurso.

Art. 11. Aprovado pela Comissão de Concurso o quadro

classificatório, será o resultado final do concurso submetido à homologação do tribunal.

Parágrafo único. A ordem de classificação prevalecerá para a nomeação dos candidatos.

Seção IV
Da publicidade

Art. 12. O concurso será precedido de edital expedido pelo presidente da Comissão de Concurso, cuja divulgação dar-se-á mediante:

I – publicação integral, uma vez, no Diário Oficial, se for o caso também em todos os Estados em que o tribunal exerce a jurisdição;

II – publicação integral no endereço eletrônico do tribunal e do Conselho Nacional de Justiça;

III – afixação no quadro de avisos, sem prejuízo da utilização de qualquer outro tipo de anúncio subsidiário, a critério da Comissão de Concurso.

Art. 13. Constarão do edital, obrigatoriamente:

I – o prazo de inscrição, que será de, no mínimo, 30 (trinta) dias, contados da última ou única publicação no Diário Oficial;

II – local e horário de inscrições;

III – o conteúdo das disciplinas objeto de avaliação no certame, observada a respectiva relação mínima de disciplinas constantes dos anexos da presente Resolução e os conteúdos do Anexo VI;

IV – o número de vagas existentes e o cronograma estimado de realização das provas;

V – os requisitos para ingresso na carreira;

VI – a composição da Comissão de Concurso, das Comissões Examinadoras, com a participação da Ordem dos Advogados do Brasil, e da Comissão da instituição especializada, com os respectivos suplentes;

VII – a relação dos documentos necessários à inscrição;

VIII – o valor da taxa de inscrição;

IX – a fixação objetiva da pontuação de cada título, observado o art. 67.

§ 1º Todas as comunicações individuais e coletivas aos candidatos inscritos no concurso serão consideradas efetuadas, para todos os efeitos, por sua publicação em edital no órgão da imprensa oficial do tribunal promotor e no sítio eletrônico deste na rede mundial de computadores.

§ 2º Qualquer candidato inscrito ao concurso poderá impugnar o respectivo edital, em petição escrita e fundamentada endereçada ao Presidente da Comissão de Concurso, no prazo de 5 (cinco) dias após o término do prazo para a inscrição preliminar ao concurso, sob pena de preclusão.

§ 3º A Comissão de Concurso não realizará a primeira prova enquanto não responder às eventuais impugnações apresentadas na forma do parágrafo anterior.

§ 4º Salvo nas hipóteses de indispensável adequação à legislação superveniente, não se alterarão as regras do edital de concurso após o início do prazo das inscrições preliminares no tocante aos requisitos do cargo, aos conteúdos programáticos, aos critérios de aferição das provas e de aprovação para as etapas subsequentes.

§ 5º O edital do concurso não poderá estabelecer limite máximo de idade inferior a 65 (sessenta e cinco) anos.

Art. 14. As alterações nas datas e locais de realização de cada etapa previstos no edital serão comunicadas aos candidatos.

Seção V

Da duração e do prazo de validade do concurso

Art. 15. O concurso deverá ser concluído no período de até 18 (dezoito) meses, contado da inscrição preliminar até a homologação do resultado final.

Art. 16. O prazo de validade do concurso é de até 2 (dois) anos, prorrogável, a critério do tribunal, uma vez, por igual período, contado da data da publicação da homologação do resultado final do concurso.

Seção VI

Do custeio do concurso

Art. 17. O valor máximo da taxa de inscrição corresponderá a 1% (um por cento) do subsídio bruto atribuído em lei para o cargo disputado, cabendo ao candidato efetuar o recolhimento na forma do que dispuser normatização específica de cada tribunal.

Art. 18. Não haverá dispensa da taxa de inscrição, exceto:

I – em favor do candidato que, mediante requerimento específico, comprovar não dispor de condições financeiras para suportar tal encargo;

II – nos casos previstos em lei.

Parágrafo único. Cabe ao interessado produzir prova da situação que o favorece até o término do prazo para inscrição preliminar.

CAPÍTULO II
DAS COMISSÕES
Seção I
Da composição, quórum e impedimentos

Art. 19. O concurso desenrolar-se-á exclusivamente perante Comissão de Concurso, ou perante Comissão de Concurso e Comissões Examinadoras.

§ 1º As atribuições previstas nesta Resolução para as Comissões Examinadoras, quando houver apenas a Comissão de Concurso, serão por esta exercidas.

§ 2º Os magistrados componentes das Comissões Examinadoras de cada etapa, salvo prova oral, poderão afastar-se dos encargos jurisdicionais por até 15 (quinze) dias, prorrogáveis, para a elaboração das questões e correção das provas. O afastamento, no caso de membro de tribunal, não alcança as atribuições privativas do Tribunal Pleno ou do Órgão Especial.

§ 3º Os membros das Comissões Examinadoras, nos seus afastamentos, serão substituídos pelos suplentes, designados pela Comissão de Concurso.

§ 4º A Comissão de Concurso contará com uma secretaria para apoio administrativo, na forma do regulamento de cada tribunal. A secretaria será responsável pela lavratura das atas das reuniões da Comissão.

Art. 20. Aplicam-se aos membros das comissões os motivos de suspeição e de impedimento previstos nos arts. 134 e 135 do Código de Processo Civil.

§ 1º Constituem também motivo de impedimento:

I – o exercício de magistério em cursos formais ou informais de preparação a concurso público para ingresso na magistratura até 3 (três) anos após cessar a referida atividade;

II – a existência de servidores funcionalmente vinculados ao examinador ou de cônjuge, companheiro ou parente em linha reta, colateral ou por afinidade, até o terceiro grau, inclusive, cuja inscrição haja sido deferida;

III – a participação societária, como administrador, ou não, em cursos formais ou informais de preparação para ingresso na magistratura até 3 (três) anos após cessar a referida atividade, ou contar com parentes nestas condições, até terceiro grau, em linha reta ou colateral.

§ 2º Os motivos de suspeição e de impedimento deverão ser comunicados ao Presidente da Comissão de Concurso, por escrito, até 5 (cinco) dias úteis após a publicação da relação dos candidatos inscritos no Diário Oficial.

Seção II
Das atribuições

Art. 21. Compete à Comissão de Concurso:

I – elaborar o edital de abertura do certame;

II – fixar o cronograma com as datas de cada etapa;

III – receber e examinar os requerimentos de inscrição preliminar e definitiva, deliberando sobre eles;

IV – designar as Comissões Examinadoras para as provas da segunda (duas provas escritas) e quarta etapas;

V – emitir documentos;

VI – prestar informações acerca do concurso;

VII – cadastrar os requerimentos de inscrição;

VIII – acompanhar a realização da primeira etapa;

IX – homologar o resultado do curso de formação inicial;

X – aferir os títulos dos candidatos e atribuir-lhes nota;

XI – julgar os recursos interpostos nos casos de indeferimento de inscrição preliminar e dos candidatos não aprovados ou não classificados na prova objetiva seletiva;

XII – ordenar a convocação do candidato a fim de comparecer em dia, hora e local indicados para a realização da prova;

XIII – homologar ou modificar, em virtude de recurso, o resultado da prova objetiva seletiva, determinando a publicação no Diário Oficial da lista dos candidatos classificados;

XIV – apreciar outras questões inerentes ao concurso.

Art. 22. Compete à Comissão Examinadora de cada etapa:

I – preparar, aplicar e corrigir as provas escritas;

II – arguir os candidatos submetidos à prova oral, de acordo com o ponto sorteado do programa, atribuindo-lhes notas;

III – julgar os recursos interpostos pelos candidatos;

IV – velar pela preservação do sigilo das provas escritas até a identificação da autoria, quando da realização da sessão pública;

V – apresentar a lista de aprovados à Comissão de Concurso.

Parágrafo único. Das decisões proferidas pelas Comissões Examinadoras não caberá novo recurso à Comissão de Concurso.

CAPÍTULO III
DA INSCRIÇÃO PRELIMINAR

Art. 23. A inscrição preliminar será requerida ao presidente da Comissão de Concurso pelo interessado ou, ainda, por procurador habilitado com poderes especiais, mediante o preenchimento de formulário próprio, acompanhado de:

I – prova de pagamento da taxa de inscrição, observado o art. 18;

II – cópia autenticada de documento que comprove a nacionalidade brasileira;

III – duas fotos coloridas tamanho 3x4 (três por quatro) e datadas recentemente;

IV – instrumento de mandato com poderes especiais e firma reconhecida para requerimento de inscrição, no caso de inscrição por procurador.

§ 1º O candidato, ao preencher o formulário a que se refere o "caput", firmará declaração, sob as penas da lei:

a) de que é bacharel em Direito e de que deverá atender, até a data da inscrição definitiva, a exigência de 3 (três) anos de atividade jurídica exercida após a obtenção do grau de bacharel em Direito;

b) de estar ciente de que a não apresentação do respectivo diploma, devidamente registrado pelo Ministério da Educação, e da comprovação da atividade jurídica, no ato da inscrição definitiva, acarretará a sua exclusão do processo seletivo;

c) de que aceita as demais regras pertinentes ao concurso consignadas no edital;

d) de que é pessoa com deficiência e, se for o caso, que carece de atendimento especial nas provas, de conformidade com o Capítulo X.

§ 2º Para fins deste artigo, o documento oficial de identificação deverá conter fotografia do portador e sua assinatura.

§ 3º Ao candidato ou ao procurador será fornecido comprovante de inscrição.

§ 4º Somente será recebida a inscrição preliminar do candidato que apresentar, no ato de inscrição, toda a documentação necessária a que se refere este artigo.

Art. 24. Não serão aceitas inscrições condicionais.

Art. 25. Os pedidos de inscrição preliminar serão apreciados e decididos pelo presidente da Comissão de Concurso.

Parágrafo único. Caberá recurso à Comissão de Concurso, no prazo de 2 (dois) dias úteis, nos casos de indeferimento de inscrição preliminar.

Art. 26. A inscrição preliminar deferida habilita o candidato à prestação da prova objetiva seletiva.

Art. 27. Deferido o requerimento de inscrição preliminar, incumbe ao presidente da Comissão de Concurso fazer publicar, uma única vez, no respectivo Diário Oficial, se for o caso também dos Estados compreendidos na jurisdição do tribunal. A lista dos candidatos inscritos e encaminhá-la à respectiva comissão ou instituição.

Parágrafo único. No prazo de 5 (cinco) dias, contados da publicação, qualquer cidadão poderá representar contra os candidatos inscritos, desde logo oferecendo ou indicando provas.

Art. 28. A inscrição do candidato implicará o conhecimento e a tácita aceitação das normas e condições estabelecidas, das quais não poderá alegar desconhecimento.

CAPÍTULO IV
DA PRIMEIRA ETAPA DO CONCURSO
Seção I
Da instituição especializada executora

Art. 29. Os tribunais nos termos da lei, poderão celebrar convênio ou contratar os serviços de instituição especializada exclusivamente para a execução da primeira etapa do concurso.

Art. 30. Caberá à Comissão Examinadora ou à instituição especializada:

I – formular as questões e aplicar a prova objetiva seletiva;

II – corrigir a prova;

III – assegurar vista da prova, do gabarito e do cartão de resposta ao candidato que pretender recorrer;

IV – encaminhar parecer sobre os recursos apresentados para julgamento da Comissão de Concurso;

V – divulgar a classificação dos candidatos.

Parágrafo único. Serão de responsabilidade da instituição especializada quaisquer danos causados ao Poder Judiciário ou aos candidatos, antes, durante e após a realização da prova objetiva seletiva, no que se referir às atribuições constantes no "caput".

Art. 31. A instituição especializada prestará contas da execução do contrato ou convênio ao tribunal e submeter-se-á à supervisão da Comissão de Concurso, que homologará ou modificará os resultados e julgará os recursos.

Seção II
Da prova objetiva seletiva

Art. 32. A prova objetiva seletiva será composta de três blocos de questões (I, II e III), discriminados nos Anexos I, II, III, IV e V, conforme o segmento do Poder Judiciário nacional.

Art. 33. As questões da prova objetiva seletiva serão formuladas de modo a que, necessariamente, a resposta reflita a posição doutrinária dominante ou a jurisprudência pacificada dos Tribunais Superiores.

Art. 34. Durante o período de realização da prova objetiva seletiva, não serão permitidos:

I – qualquer espécie de consulta ou comunicação entre os candidatos ou entre estes e pessoas estranhas, oralmente ou por escrito;

II – o uso de livros, códigos, manuais, impressos ou anotações;

III – o porte de arma.

Parágrafo único. O candidato poderá ser submetido a detector de metais durante a realização da prova.

Art. 35. Iniciada a prova e no curso desta, o candidato somente poderá ausentar-se acompanhado de um fiscal.

§ 1º É obrigatória a permanência do candidato no local por, no mínimo, 1 (uma) hora.

§ 2º Após o término da prova, o candidato não poderá retornar ao recinto em nenhuma hipótese.

Art. 36. As questões objetivas serão agrupadas por disciplina e nos respectivos blocos, devidamente explicitados.

Parágrafo único. Se a questão for elaborada sob a forma de exame prévio de proposições corretas ou incorretas, constará de cada uma das alternativas de resposta expressa referência, em algarismos romanos, à assertiva ou às assertivas corretas, vedada qualquer resposta que não indique com precisão a resposta considerada exata.

Art. 37. O candidato somente poderá apor seu número de inscrição, nome ou assinatura em lugar especificamente indicado para tal finalidade, sob pena de anulação da prova e consequente eliminação do concurso.

Art. 38. É de inteira responsabilidade do candidato o preenchimento da folha de respostas, conforme as especificações nela constantes, não sendo permitida a sua substituição em caso de marcação incorreta.

Art. 39. Reputar-se-ão erradas as questões que contenham mais de uma resposta e as rasuradas, ainda que inteligíveis.

Art. 40. Finda a prova, o candidato deverá entregar ao fiscal da sala a Folha de Respostas devidamente preenchida.

Art. 41. Será automaticamente eliminado do concurso o candidato que:

I – não comparecer à prova;

II – for encontrado, durante a realização da prova, portando qualquer um dos objetos especificados no art. 85, mesmo que desligados ou sem uso;

III – for colhido em flagrante comunicação com outro candidato ou com pessoas estranhas;

IV – não observar o disposto no art. 34.

Art. 42. O gabarito oficial da prova objetiva será publicado, no máximo, 3 (três) dias após a realização da prova, no Diário Oficial, no endereço eletrônico do tribunal e, se for o caso, no da instituição especializada executora.

Parágrafo único. Nos 2 (dois) dias seguintes à publicação do resultado do gabarito da prova objetiva seletiva no Diário Oficial, o candidato poderá requerer vista da prova e, em igual prazo, a contar do término da vista, apresentar recurso dirigido à Comissão de Concurso.

Art. 43. Será considerado habilitado, na prova objetiva seletiva, o candidato que obtiver o mínimo de 30% (trinta por cento) de acerto das questões em cada bloco e média final de 60% (sessenta por cento) de acertos do total referente à soma algébrica das notas dos três blocos.

Art. 44. Classificar-se-ão para a segunda etapa:

I – nos concursos de até 1.500 (mil e quinhentos) inscritos, os 200 (duzentos) candidatos que obtiverem as maiores notas após o julgamento dos recursos;

II – nos concursos que contarem com mais de 1.500 (mil e quinhentos) inscritos, os 300 (trezentos) candidatos que obtiverem as maiores notas após o julgamento dos recursos.

§ 1º Todos os candidatos empatados na última posição de classificação serão admitidos às provas escritas, mesmo que ultrapassem o limite previsto no "caput".

§ 2º O redutor previsto nos incisos I e II não se aplica aos candidatos que concorram às vagas destinadas às pessoas com deficiência, as quais serão convocadas para a segunda etapa do certame em lista específica, desde que hajam obtido a nota mínima exigida para todos os outros candidatos, sem prejuízo dos demais 200 (duzentos) ou 300 (trezentos) primeiros classificados, conforme o caso.

Art. 45. Apurados os resultados da prova objetiva seletiva e identificados os candidatos que lograram classificar-se, o presidente da Comissão de Concurso fará publicar edital com a relação dos habilitados a submeterem-se à segunda etapa do certame.

CAPÍTULO V
DA SEGUNDA ETAPA DO CONCURSO
Seção I
Das provas

Art. 46. A segunda etapa do concurso será composta de 2 (duas) provas escritas, podendo haver consulta à legislação desacompanhada de anotação ou comentário, vedada a consulta a obras doutrinárias, súmulas e orientação jurisprudencial.

Parágrafo único. Durante a realização das provas escritas, a Comissão Examinadora permanecerá reunida em local previamente divulgado para dirimir dúvidas porventura suscitadas.

Art. 47. A primeira prova escrita será discursiva e consistirá:

I – de questões relativas a noções gerais de Direito e formação humanística previstas no Anexo VI;

II – de questões sobre quaisquer pontos do programa específico do respectivo ramo do Poder Judiciário nacional.

Art. 48. Cabe a cada tribunal definir os critérios de aplicação e de aferição da prova discursiva, explicitando-os no edital.

Parágrafo único. A Comissão Examinadora deverá considerar, em cada questão, o conhecimento sobre o tema, a utilização correta do idioma oficial e a capacidade de exposição.

Art. 49. A segunda prova escrita será prática de sentença, envolvendo temas jurídicos constantes do programa, e consistirá:

I – na Justiça Federal e na Justiça estadual, na elaboração, em dias sucessivos, de 2 (duas) sentenças, de natureza civil e criminal;

II – na Justiça do Trabalho, na elaboração de 1 (uma) sentença trabalhista;

III – na Justiça Militar da União e na Justiça Militar estadual, de lavratura de sentença criminal.

Parágrafo único. Em qualquer prova considerar-se-á também o conhecimento do vernáculo.

Seção II
Dos procedimentos

Art. 50. Com antecedência mínima de 15 (quinze) dias, o presidente da Comissão de Concurso convocará, por edital, os candidatos aprovados para realizar as provas escritas em dia, hora e local determinados, nos termos do edital.

Art. 51. O tempo mínimo de duração de cada prova será de 4 (quatro) horas.

Art. 52. As provas escritas da segunda etapa do concurso realizar-se-ão em dias distintos, preferencialmente nos finais de semana.

Art. 53. As provas escritas serão manuscritas, com utilização de caneta de tinta azul ou preta indelével, de qualquer espécie, vedado o uso de líquido corretor de texto ou caneta hidrográfica fluorescente.

§ 1º As questões serão entregues aos candidatos já impressas, não se permitindo esclarecimentos sobre o seu enunciado ou sobre o modo de resolvê-las.

§ 2º A correção das provas dar-se-á sem identificação do nome do candidato.

§ 3º A correção da prova prática de sentença dependerá da aprovação do candidato na prova discursiva.

Art. 54. A nota final de cada prova será atribuída entre 0 (zero) e 10 (dez).

Parágrafo único. Na prova de sentença, se mais de uma for exigida, exigir-se-á, para a aprovação, nota mínima de 6 (seis) em cada uma delas.

Art. 55. A identificação das provas e a divulgação das notas serão feitas em sessão pública no tribunal, pela Comissão de Concurso, para a qual se convocarão os candidatos, com antecedência mínima de 48 (quarenta e oito) horas, mediante edital veiculado no Diário Oficial e na página do tribunal na rede mundial de computadores.

Art. 56. Apurados os resultados de cada prova escrita, o presidente da Comissão de Concurso mandará publicar edital no Diário Oficial contendo a relação dos aprovados.

Parágrafo único. Nos 2 (dois) dias seguintes à publicação, o candidato poderá requerer vista da prova e, em igual prazo, a contar do término da vista, apresentar recurso dirigido à respectiva Comissão Examinadora.

Art. 57. Julgados os eventuais recursos, o presidente da Comissão de Concurso publicará edital de convocação dos candidatos habilitados a requerer a inscrição definitiva, que deverá ser feita no prazo de 15 (quinze) dias úteis, nos locais indicados.

CAPÍTULO VI
DA TERCEIRA ETAPA
Seção I
Da inscrição definitiva

Art. 58. Requerer-se-á a inscrição definitiva ao presidente da Comissão de Concurso, mediante preenchimento de formulário próprio, entregue na secretaria do concurso.

§ 1º O pedido de inscrição, assinado pelo candidato, será instruído com:

a) cópia autenticada de diploma de bacharel em Direito, devidamente registrado pelo Ministério da Educação;

b) certidão ou declaração idônea que comprove haver completado, à data da inscrição definitiva, 3 (três) anos de atividade jurídica, efetivo exercício da advocacia ou de cargo, emprego ou função, exercida após a obtenção do grau de bacharel em Direito;

c) cópia autenticada de documento que comprove a quitação de obrigações concernentes ao serviço militar, se do sexo masculino;

d) cópia autenticada de título de eleitor e de documento que comprove estar o candidato em dia com as obrigações eleitorais ou certidão negativa da Justiça Eleitoral;

e) certidão dos distribuidores criminais das Justiças Federal, Estadual ou do Distrito Federal e Militar dos lugares em que haja residido nos últimos 5 (cinco) anos;

f) folha de antecedentes da Polícia Federal e da Polícia Civil Estadual ou do Distrito Federal, onde haja residido nos últimos 5 (cinco) anos;

g) os títulos definidos no art. 67;

h) declaração firmada pelo candidato, com firma reconhecida, da qual conste nunca haver sido indiciado em inquérito policial ou processado criminalmente ou, em caso contrário, notícia específica da ocorrência, acompanhada dos esclarecimentos pertinentes;

i) formulário fornecido pela Comissão de Concurso, em que o candidato especificará as atividades jurídicas desempenhadas, com exata indicação dos períodos e locais de sua prestação bem como as principais autoridades com quem haja atuado em cada um dos períodos de prática profissional, discriminados em ordem cronológica;

j) certidão da Ordem dos Advogados do Brasil com informação sobre a situação do candidato advogado perante a instituição.

§ 2º Os postos designados para o recebimento dos pedidos de inscrição definitiva encaminharão ao presidente da Comissão de Concurso os pedidos, com a respectiva documentação.

Art. 59. Considera-se atividade jurídica, para os efeitos do art. 58, § 1º, alínea "i":

I – aquela exercida com exclusividade por bacharel em Direito;

II – o efetivo exercício de advocacia, inclusive voluntária, mediante a participação anual mínima em 5 (cinco) atos privativos de advogado (Lei nº 8.906, 4 de julho de 1994, art. 1º) em causas ou questões distintas;

III – o exercício de cargos, empregos ou funções, inclusive de magistério superior, que exija a utilização preponderante de conhecimento jurídico;

IV – o exercício da função de conciliador junto a tribunais judiciais, juizados especiais, varas especiais, anexos de juizados especiais ou de varas judiciais, no mínimo por 16 (dezesseis) horas mensais e durante 1 (um) ano;

V – o exercício da atividade de mediação ou de arbitragem na composição de litígios.

§ 1º É vedada, para efeito de comprovação de atividade jurídica, a contagem do estágio acadêmico ou qualquer outra atividade anterior à obtenção do grau de bacharel em Direito.

§ 2º A comprovação do tempo de atividade jurídica relativamente a cargos, empregos ou funções não privativos de bacharel em Direito será realizada mediante certidão circunstanciada, expedida pelo órgão competente, indicando as respectivas atribuições e a prática reiterada de atos que exijam a utilização preponderante de conhecimento jurídico, cabendo à Comissão de Concurso, em decisão fundamentada, analisar a validade do documento.

Seção II
Dos exames de sanidade física e mental e psicotécnico

Art. 60. O candidato, no ato de apresentação da inscrição definitiva, receberá, da secretaria do concurso, instruções para submeter-se aos exames de saúde e psicotécnico, por ele próprio custeados.

§ 1º Os exames de saúde destinam-se a apurar as condições de higidez física e mental do candidato. O exame psicotécnico avaliará as condições psicológicas do candidato, devendo ser realizado por médico psiquiatra ou por psicólogo.

§ 2º O candidato fará os exames de saúde e psicotécnico com profissional do próprio tribunal ou por ele indicado, que encaminhará laudo à Comissão de Concurso.

§ 3º Os exames de que trata o "caput" não poderão ser realizados por profissionais que tenham parente até o terceiro grau dentre os candidatos.

Seção III
Da sindicância da vida pregressa e investigação social

Art. 61. O presidente da Comissão de Concurso encaminhará ao órgão competente do tribunal os documentos mencionados no § 1º do art. 58, com exceção dos títulos, a fim de que se proceda à sindicância da vida pregressa e investigação social dos candidatos.

Art. 62. O presidente da Comissão de Concurso poderá ordenar ou repetir diligências sobre a vida pregressa, investigação social, exames de saúde e psicotécnico, bem como convocar o candidato para submeter-se a exames complementares.

Seção IV
Do deferimento da inscrição definitiva e convocação para prova oral

Art. 63. O presidente da Comissão de Concurso fará publicar edital com a relação dos candidatos cuja inscrição definitiva haja sido deferida, ao tempo em que os convocará para realização do sorteio dos pontos para prova oral bem como para realização das arguições.

CAPÍTULO VII
DA QUARTA ETAPA

Art. 64. A prova oral será prestada em sessão pública, na presença de todos os membros da Comissão Examinadora, vedado o exame simultâneo de mais de um candidato.

Parágrafo único. Haverá registro em gravação de áudio ou por qualquer outro meio que possibilite a sua posterior reprodução.

Art. 65. Os temas e disciplinas objeto da prova oral são os concernentes à segunda etapa do concurso (art. 47), cabendo à Comissão Examinadora agrupá-los, a seu critério, para efeito de sorteio, em programa específico.

§ 1º O programa específico será divulgado no sítio eletrônico do Tribunal até 5 (cinco) dias antes da realização da prova oral.

§ 2º Far-se-á sorteio público de ponto para cada candidato com a antecedência de 24 (vinte e quatro) horas.

§ 3º A arguição do candidato versará sobre conhecimento técnico acerca dos temas relacionados ao ponto sorteado, cumprindo à Comissão avaliar-lhe o domínio do conhecimento jurídico, a adequação da linguagem, a articulação do raciocínio, a capacidade de argumentação e o uso correto do vernáculo.

§ 4º A ordem de arguição dos candidatos definir-se-á por sorteio, no dia e hora marcados para início da prova oral.

§ 5º Cada examinador disporá de até 15 (quinze) minutos para a arguição do candidato, atribuindo-lhe nota na escala de 0 (zero) a 10 (dez). Durante a arguição, o candidato poderá consultar códigos ou legislação esparsa não comentados ou anotados, a critério da Comissão Examinadora.

§ 6º A nota final da prova oral será o resultado da média aritmética simples das notas atribuídas pelos examinadores.

§ 7º Recolher-se-ão as notas em envelope, que será lacrado e rubricado pelos examinadores imediatamente após o término da prova oral.

§ 8º Os resultados das provas orais serão divulgados e publicados pelo presidente da Comissão de Concurso no prazo fixado pelo edital.

§ 9º Considerar-se-ão aprovados e habilitados para a próxima etapa os candidatos que obtiverem nota não inferior a 6 (seis).

CAPITULO VIII
DA QUINTA ETAPA

Art. 66. Após a publicação do resultado da prova oral, a Comissão de Concurso avaliará os títulos dos candidatos aprovados.

§ 1º A comprovação dos títulos far-se-á no momento da inscrição definitiva, considerados para efeito de pontuação os obtidos até então.

§ 2º É ônus do candidato produzir prova documental idônea de cada título, não se admitindo a concessão de dilação de prazo para esse fim.

Art. 67. Constituem títulos:

I – exercício de cargo, emprego ou função pública privativa de bacharel em Direito pelo período mínimo de 1 (um) ano:

a) Judicatura (Juiz): até 3 (três) anos – 2,0; acima de 3 (três) anos – 2,5;

b) Pretor, Ministério Público, Defensoria Pública, Advocacia-Geral da União, Procuradoria (Procurador) de qualquer órgão ou entidade da Administração Pública direta ou indireta de qualquer dos Poderes da União, dos Estados, do Distrito Federal e dos Municípios: até 3 (três) anos – 1,5; acima de 3 (três) anos – 2,0;

II – exercício do Magistério Superior na área jurídica pelo período mínimo de 5 (cinco) anos:

a) mediante admissão no corpo docente por concurso ou processo seletivo público de provas e/ou títulos (1,5);

b) mediante admissão no corpo docente sem concurso ou processo seletivo público de provas e/ou títulos (0,5);

III – exercício de outro cargo, emprego ou função pública privativa de bacharel em Direito não previsto no inciso I, pelo período mínimo de 1 (um) ano:

a) mediante admissão por concurso: até 3 (três) anos – 0,5; acima de 3 (três) anos – 1,0;

b) mediante admissão sem concurso: até 3 (três) anos – 0,25; acima de 3 (três) anos – 0,5;

IV – exercício efetivo da advocacia pelo período mínimo de 3 (três) anos: até 5 (cinco) anos – 0,5; entre 5 (cinco) e 8 (oito) anos – 1,0; acima de 8 (oito) anos – 1,5;

V – aprovação em concurso público, desde que não tenha sido utilizado para pontuar no inciso I:

a) Judicatura (Juiz/Pretor), Ministério Público, Defensoria Pública, Advocacia-Geral da União, Procuradoria (Procurador) de qualquer órgão ou entidade da Administração Pública direta ou indireta de qualquer dos Poderes da União, dos Estados, do Distrito Federal e dos Municípios: 0,5;

b) outro concurso público para cargo, emprego ou função privativa de bacharel em Direito não constante do subitem V, "a": 0,25;

VI – diplomas em Cursos de Pós-Graduação:

a) Doutorado reconhecido ou revalidado: em Direito ou em Ciências Sociais ou Humanas – 2,0;

b) Mestrado reconhecido ou revalidado: em Direito ou em Ciências Sociais ou Humanas – 1,5;

c) Especialização em Direito, na forma da legislação educacional em vigor, com carga horária mínima de trezentos e sessenta (360) horas-aula, cuja avaliação haja considerado monografia de final de curso: 0,5;

VII – graduação em qualquer curso superior reconhecido ou curso regular de preparação à Magistratura ou ao Ministério Público, com duração mínima de 1 (um) ano, carga horária mínima de 720 (setecentas e vinte) horas-aula, frequência mínima de setenta e cinco por cento (75%) e nota de aproveitamento: 0,5;

VIII – curso de extensão sobre matéria jurídica de mais de cem (100) horas-aula, com nota de aproveitamento ou trabalho de conclusão de curso e frequência mínima de setenta e cinco por cento (75%): 0,25;

IX – publicação de obras jurídicas:

a) livro jurídico de autoria exclusiva do candidato com apreciável conteúdo jurídico: 0,75;

b) artigo ou trabalho publicado em obra jurídica coletiva ou revista jurídica especializada, com conselho editorial, de apreciável conteúdo jurídico: 0,25;

X – láurea universitária no curso de Bacharelado em Direito: 0,5;

XI – participação em banca examinadora de concurso público para o provimento de cargo da magistratura, Ministério Público, Advocacia Pública, Defensoria Pública ou de cargo de docente em instituição pública de ensino superior: 0,75;

XII – exercício, no mínimo durante 1 (um) ano, das atribuições de conciliador nos juizados especiais, ou na prestação de assistência jurídica voluntária: 0,5;

§ 1º A pontuação atribuída a cada título considera-se máxima, devendo o edital do concurso fixá-la objetivamente.

§ 2º De acordo com o gabarito previsto para cada título, os membros da Comissão de Concurso atribuirão ao candidato nota de 0 (zero) a 10 (dez) pontos, sendo esta a nota máxima, ainda que a pontuação seja superior.

Art. 68. Não constituirão títulos:

I – a simples prova de desempenho de cargo público ou função eletiva;

II – trabalhos que não sejam de autoria exclusiva do candidato;

III – atestados de capacidade técnico-jurídica ou de boa conduta profissional;

IV – certificado de conclusão de cursos de qualquer natureza, quando a aprovação do candidato resultar de mera frequência;

V – trabalhos forenses (sentenças, pareceres, razões de recursos, etc.).

Art. 69. Nos 2 (dois) dias seguintes à publicação do resultado da avaliação dos títulos no Diário Oficial, o candidato poderá requerer vista e apresentar recurso.

CAPÍTULO IX
DOS RECURSOS

Art. 70. O candidato poderá interpor recurso, sem efeito suspensivo, no prazo de 2 (dois) dias úteis, contado do dia imediatamente seguinte ao da publicação do ato impugnado.

§ 1º É irretratável em sede recursal a nota atribuída na prova oral.

§ 2º O recurso será dirigido ao presidente da Comissão de Concurso, nos locais determinados no edital, incumbindo-lhe, em 48 (quarenta e oito) horas, submetê-lo à Comissão de Concurso ou à Comissão Examinadora.

§ 3º O candidato identificará somente a petição de interposição, vedada qualquer identificação nas razões do recurso, sob pena de não conhecimento do recurso.

Art. 71. Os recursos interpostos serão protocolados após numeração aposta pela Secretaria, distribuindo-se à Comissão respectiva somente as razões do recurso, retida pelo Secretário a petição de interposição.

Parágrafo único. A fundamentação é pressuposto para o conhecimento do recurso, cabendo ao candidato, em caso de impugnar mais de uma questão da prova, expor seu pedido e respectivas razões de forma destacada, para cada questão recorrida.

Art. 72. A Comissão, convocada especialmente para julgar os recursos, reunir-se-á em sessão pública e, por maioria de votos, decidirá pela manutenção ou pela reforma da decisão recorrida.

Parágrafo único. Cada recurso será distribuído por sorteio e, alternadamente, a um dos membros da Comissão, que funcionará como relator, vedado o julgamento monocrático.

CAPÍTULO X
DA RESERVA DE VAGAS PARA PESSOAS COM DEFICIÊNCIA

Art. 73. As pessoas com deficiência que declararem tal condição, no momento da inscrição preliminar, terão reservados, no mínimo, 5% (cinco por cento) do total das vagas, vedado o arredondamento superior.

§ 1º A deficiência não poderá ser incompatível com as atribuições do cargo de magistrado.

§ 2º Sem prejuízo do disposto no parágrafo anterior, para efeitos de reserva de vaga, consideram-se pessoas com deficiência aquelas que se amoldam nas categorias discriminadas no art. 4º do Decreto 3.298, de 20 de dezembro de 1999.

Art. 74. Além das exigências comuns a todos os candidatos para a inscrição no concurso, o candidato com deficiência deverá, no ato de inscrição preliminar:

I – em campo próprio da ficha de inscrição, declarar a opção por concorrer às vagas destinadas a pessoas com deficiência, conforme edital, bem como juntar atestado médico que comprove a deficiência alegada e que contenha a espécie, o grau ou nível da deficiência de que é portador, a CID (Classificação Internacional de Doenças) e a provável causa dessa deficiência.

II – preencher outras exigências ou condições constantes do edital de abertura do concurso.

§ 1º A data de emissão do atestado médico referido no inciso I deste artigo deverá ser de, no máximo, 30 (trinta) dias antes da data de publicação do edital de abertura do concurso.

§ 2º A não apresentação, no ato de inscrição, de qualquer um dos documentos especificados no inciso I, bem como o não atendimento das exigências ou condições referidas no inciso II, ambos do caput, implicará o indeferimento do pedido de inscrição no sistema de reserva de vaga de que trata o presente Capítulo, passando o candidato automaticamente a concorrer às vagas com os demais inscritos não portadores de deficiência, desde que preenchidos os outros requisitos previstos no edital.

Art. 75. O candidato com deficiência submeter-se-á, em dia e hora designados pela Comissão de Concurso, sempre antes da prova objetiva seletiva, à avaliação de Comissão Multiprofissional quanto à existência e compatibilidade da deficiência com as atribuições inerentes à função judicante.

§ 1º A Comissão Multiprofissional, designada pela Comissão de Concurso, será composta por 2 (dois) médicos, 1 (um) representante da Ordem dos Advogados do Brasil e 2 (dois) membros do tribunal, cabendo ao mais antigo destes presidi-la.

§ 2º A Comissão Multiprofissional, necessariamente até 3 (três) dias antes da data fixada para a realização da prova objetiva seletiva, proferirá decisão terminativa sobre a qualificação do candidato como deficiente e sobre a sua aptidão para o desempenho do cargo.

§ 3º A seu juízo, a Comissão Multiprofissional poderá solicitar parecer de profissionais capacitados na área da deficiência que estiver sendo avaliada, os quais não terão direito a voto.

§ 4º Concluindo a Comissão Multiprofissional pela inexistência da deficiência ou por sua insuficiência, passará o candidato a concorrer às vagas não reservadas.

Art. 76. Os candidatos com deficiência participarão do concurso em igualdade de condições com os demais candidatos no que tange ao conteúdo, avaliação, horário e local de aplicação das provas, podendo haver ampliação do tempo de duração das provas em até 60 (sessenta) minutos.

§ 1º Os candidatos com deficiência que necessitarem de alguma condição ou atendimento especial para a realização das provas deverão formalizar pedido, por escrito, até a data de encerramento da inscrição preliminar, a fim de que sejam tomadas as providências cabíveis, descartada, em qualquer hipótese, a realização das provas em local distinto daquele indicado no edital.

§ 2º Adotar-se-ão todas as providências que se façam necessárias a permitir o fácil acesso de candidatos com deficiência aos locais de realização das provas, sendo de responsabilidade daqueles, entretanto, trazer os equipamentos e instrumentos imprescindíveis à feitura das provas, previamente autorizados pelo tribunal.

Art. 77. A cada etapa a Comissão de Concurso fará publicar, além da lista geral de aprovados, listagem composta exclusivamente dos candidatos com deficiência que alcançarem a nota mínima exigida.

Parágrafo único. As vagas não preenchidas reservadas aos candidatos com deficiência serão aproveitadas pelos demais candidatos habilitados, em estrita observância da ordem de classificação no concurso.

Art. 78. A classificação de candidatos com deficiência obedecerá aos mesmos critérios adotados para os demais candidatos.

Art. 79. A publicação do resultado final do concurso será feita em 2 (duas) listas, contendo, a primeira, a pontuação de todos os candidatos, inclusive a dos com deficiência, e, a segunda, somente a pontuação destes últimos, os quais serão chamados na ordem das vagas reservadas às pessoas com deficiência.

Art. 80. O grau de deficiência de que for portador o candidato ao ingressar na magistratura não poderá ser invocado como causa de aposentadoria por invalidez.

CAPÍTULO XI
DAS DISPOSIÇÕES FINAIS

Art. 81. As sessões públicas para identificação e divulgação dos resultados das provas serão realizadas na sede do tribunal que realiza o concurso.

Art. 82. Não haverá, sob nenhum pretexto:

I – devolução de taxa de inscrição em caso de desistência voluntária;

II – publicação das razões de indeferimento de inscrição e de eliminação de candidato.

Art. 83. Correrão por conta exclusiva do candidato quaisquer despesas decorrentes da participação em todas as etapas e procedimentos do concurso de que trata esta Resolução, tais como gastos com documentação, material, exames, viagem, alimentação, alojamento, transporte ou ressarcimento de outras despesas.

Art. 84. Os tribunais suportarão as despesas da realização do concurso.

Art. 85. Durante a realização das provas, o candidato, sob pena de eliminação, não poderá utilizar-se de telefone celular, "pager" ou qualquer outro meio eletrônico de comunicação, bem como de computador portátil, inclusive "palms" ou similares, e máquina datilográfica dotada de memória.

Art. 86. As embalagens contendo os cadernos de provas preparadas para aplicação serão lacradas e rubricadas pelo Secretário do Concurso, cabendo igual responsabilidade, se for o caso, ao representante legal da instituição especializada contratada ou conveniada para a prova objetiva seletiva.

Art. 87. A inviolabilidade do sigilo das provas será comprovada no momento de romper-se o lacre dos malotes, mediante termo formal e na presença de, no mínimo, 2 (dois) candidatos nos locais de realização da prova.

Art. 88. Os casos omissos serão resolvidos pela Comissão de Concurso.

Art. 89. Esta Resolução entra em vigor na data de sua publicação, não alcançando os concursos em andamento.

Art. 90. Fica revogada a Resolução nº 11/CNJ, de 31 de janeiro de 2006, assegurado o cômputo de atividade jurídica decorrente da conclusão, com frequência e aproveitamento, do curso de pós-graduação comprovadamente iniciado antes da entrada em vigor da presente Resolução.

Brasília, 12 de maio 2009.

Ministro GILMAR MENDES

ANEXO I

RELAÇÃO MÍNIMA DE DISCIPLINAS DO CONCURSO PARA PROVIMENTO DO CARGO DE JUIZ FEDERAL SUBSTITUTO DA JUSTIÇA FEDERAL

Direito Constitucional;
Direito Previdenciário;
Direito Penal;
Direito Processual Penal;
Direito Econômico e de Proteção ao Consumidor.
Direito Civil;
Direito Processual Civil;
Direito Empresarial;
Direito Financeiro e Tributário.

BLOCOS DE DISCIPLINAS PARA AS QUESTÕES DA PROVA OBJETIVA SELETIVA DA JUSTIÇA FEDERAL

BLOCO UM
Direito Constitucional;
Direito Previdenciário;
Direito Penal;
Direito Processual Penal;
Direito Econômico e de Proteção ao Consumidor.

BLOCO DOIS
Direito Civil;
Direito Processual Civil;
Direito Empresarial;
Direito Financeiro e Tributário.

BLOCO TRÊS
Direito Administrativo;
Direito Ambiental;
Direito Internacional Publico e Privado.

ANEXO II

RELAÇÃO MÍNIMA DE DISCIPLINAS DO CONCURSO PARA PROVIMENTO DO CARGO DE JUIZ DO TRABALHO SUBSTITUTO DA JUSTIÇA DO TRABALHO

Direito Individual e Coletivo do Trabalho;
Direito Administrativo;
Direito Penal;
Direito Processual do Trabalho;

Direito Constitucional;
Direito Civil;
Direito Processual Civil;
Direito Internacional e Comunitário;
Direito Previdenciário;
Direito Empresarial.
Direito da Criança e do Adolescente

BLOCOS DE DISCIPLINAS PARA AS QUESTÕES DA PROVA OBJETIVA SELETIVA DA JUSTIÇA DO TRABALHO

BLOCO UM
Direito Individual e Coletivo do Trabalho;
Direito Administrativo;
Direito Penal;

BLOCO DOIS
Direito Processual do Trabalho;
Direito Constitucional;
Direito Civil;
Direito da Criança e do Adolescente

BLOCO TRÊS
Direito Processual Civil;
Direito Internacional e Comunitário;
Direito Previdenciário;
Direito Empresarial.

ANEXO III

RELAÇÃO MÍNIMA DE DISCIPLINAS DO CONCURSO PARA PROVIMENTO DO CARGO DE JUIZ AUDITOR MILITAR SUBSTITUTO DA JUSTIÇA MILITAR DA UNIÃO

Direito Penal Militar e Direito Internacional Humanitário;
Direito Constitucional e Direitos Humanos;
Processo Penal Militar e Organização Judiciária Militar;
Forças Armadas, Legislação Básica: Organização,
Disciplina e Administração;
Direito Administrativo.
BLOCO UM
Direito Penal Militar e Direito Internacional Humanitário;
BLOCO DOIS
Direito Constitucional e Direitos Humanos;
Processo Penal Militar e Organização Judiciária Militar;
BLOCO TRÊS

Forças Armadas, Legislação Básica: Organização,
Disciplina e Administração;
Direito Administrativo.

ANEXO IV

RELAÇÃO MÍNIMA DE DISCIPLINAS DO CONCURSO PARA PROVIMENTO DO CARGO DE JUIZ DE DIREITO SUBSTITUTO DA JUSTIÇA ESTADUAL, DO DISTRITO FEDERAL E TERRITÓRIOS

Direito Civil;
Direito Processual Civil;
Direito Eleitoral;
Direito Ambiental;
Direito do Consumidor;
Direito da Criança e do Adolescente;
Direito Penal;
Direito Processual Penal;
Direito Constitucional;
Direito Empresarial;
Direito Tributário;
Direito Administrativo.

BLOCOS DE DISCIPLINAS PARA AS QUESTÕES DA PROVA OBJETIVA SELETIVA DA JUSTIÇA ESTADUAL E DO DISTRITO FEDERAL E TERRITÓRIOS

BLOCO UM
Direito Civil;
Direito Processual Civil;
Direito do Consumidor;
Direito da Criança e do Adolescente.
BLOCO DOIS
Direito Penal;
Direito Processual Penal;
Direito Constitucional;
Direito Eleitoral;
BLOCO TRÊS
Direito Empresarial;
Direito Tributário;
Direito Ambiental;
Direito Administrativo.

ANEXO V

RELAÇÃO MÍNIMA DE DISCIPLINAS DO CONCURSO PARA PROVIMENTO DO CARGO DE JUIZ-AUDITOR SUBSTITUTO DA JUSTIÇA MILITAR ESTADUAL

Direito Penal Militar
Direito Constitucional
Direito Processual Penal Militar
Direito Administrativo
Organização Judiciária Militar
Legislação Federal e Estadual relativa às organizações militares do Estado

BLOCOS DE DISCIPLINAS PARA AS QUESTÕES DA PROVA OBJETIVA SELETIVA DA JUSTIÇA MILITAR ESTADUAL

BLOCO UM
Direito Penal Militar
Direito Constitucional
BLOCO DOIS
Direito Processual Penal Militar
Direito Administrativo
BLOCO TRÊS
Organização Judiciária Militar
Legislação Federal e Estadual relativa às organizações militares do Estado

ANEXO VI

NOÇÕES GERAIS DE DIREITO E FORMAÇÃO HUMANÍSTICA

A) SOCIOLOGIA DO DIREITO

1. Introdução à sociologia da administração judiciária. Aspectos gerenciais da atividade judiciária (administração e economia). Gestão. Gestão de pessoas.

2. Relações sociais e relações jurídicas. Controle social e o Direito. Transformações sociais e Direito.

3. Direito, Comunicação Social e opinião pública.

4. Conflitos sociais e mecanismos de resolução. Sistemas não-judiciais de composição de litígios.

B) PSICOLOGIA JUDICIÁRIA

1. Psicologia e Comunicação: relacionamento interpessoal, relacionamento do magistrado com a sociedade e a mídia.

2. Problemas atuais da psicologia com reflexos no direito: assédio moral e assédio sexual.

3. Teoria do conflito e os mecanismos autocompositivos. Técnicas de negociação e mediação. Procedimentos, posturas, condutas e mecanismos aptos a obter a solução conciliada dos conflitos.

4. O processo psicológico e a obtenção da verdade judicial. O comportamento de partes e testemunhas.

C) ÉTICA E ESTATUTO JURÍDICO DA MAGISTRATURA NACIONAL

1. Regime jurídico da magistratura nacional: carreiras, ingresso, promoções, remoções.

2. Direitos e deveres funcionais da magistratura.

3. Código de Ética da Magistratura Nacional.

4. Sistemas de controle interno do Poder Judiciário: Corregedorias, Ouvidorias, Conselhos Superiores e Conselho Nacional de Justiça

5. Responsabilidade administrativa, civil e criminal dos magistrados.

6. Administração judicial. Planejamento estratégico. Modernização da gestão.

D) FILOSOFIA DO DIREITO

1. O conceito de Justiça. Sentido lato de Justiça, como valor universal. Sentido estrito de Justiça, como valor jurídico-político. Divergências sobre o conteúdo do conceito.

2. O conceito de Direito. Equidade. Direito e Moral.

3. A interpretação do Direito. A superação dos métodos de interpretação mediante puro raciocínio lógico-dedutivo. O método de interpretação pela lógica do razoável.

E) TEORIA GERAL DO DIREITO E DA POLÍTICA

1. Direito objetivo e direito subjetivo.

2. Fontes do Direito objetivo. Princípios gerais de Direito. Jurisprudência. Súmula vinculante.

3. Eficácia da lei no tempo. Conflito de normas jurídicas no tempo e o Direito brasileiro: Direito Penal, Direito Civil, Direito Constitucional e Direito do Trabalho.

4. O conceito de Política. Política e Direito.

5. Ideologias.

6. A Declaração Universal dos Direitos do Homem (ONU).

LEI Nº 9.307, DE 23 DE SETEMBRO DE 1996

Dispõe sobre a arbitragem.

O PRESIDENTE DA REPÚBLICA Faço saber que o Congresso Nacional decreta e eu sanciono a seguinte Lei:

Capítulo I
Disposições Gerais

Art. 1º As pessoas capazes de contratar poderão valer-se da arbitragem para dirimir litígios relativos a direitos patrimoniais disponíveis.

Art. 2º A arbitragem poderá ser de direito ou de eqüidade, a critério das partes.

§ 1º Poderão as partes escolher, livremente, as regras de direito que serão aplicadas na arbitragem, desde que não haja violação aos bons costumes e à ordem pública.

§ 2º Poderão, também, as partes convencionar que a arbitragem se realize com base nos princípios gerais de direito, nos usos e costumes e nas regras internacionais de comércio.

Capítulo II
Da Convenção de Arbitragem e seus Efeitos

Art. 3º As partes interessadas podem submeter a solução de seus litígios ao juízo arbitral mediante convenção de arbitragem, assim entendida a cláusula compromissória e o compromisso arbitral.

Art. 4º A cláusula compromissória é a convenção através da qual as partes em um contrato comprometem-se a submeter à arbitragem os litígios que possam vir a surgir, relativamente a tal contrato.

§ 1º A cláusula compromissória deve ser estipulada por escrito, podendo estar inserta no próprio contrato ou em documento apartado que a ele se refira.

§ 2º Nos contratos de adesão, a cláusula compromissória só terá eficácia se o aderente tomar a iniciativa de instituir a arbitragem ou concordar, expressamente, com a sua instituição, desde que por escrito em documento anexo ou em negrito, com a assinatura ou visto especialmente para essa cláusula.

Art. 5º Reportando-se as partes, na cláusula compromissória, às regras de algum órgão arbitral institucional ou entidade especializada, a arbitragem será instituída e processada de acordo com tais regras, podendo, igualmente, as partes estabelecer na própria cláusula, ou em outro documento, a forma convencionada para a instituição da arbitragem.

Art. 6º Não havendo acordo prévio sobre a forma de instituir a arbitragem, a parte interessada manifestará à outra parte sua intenção de dar início à arbitragem, por via postal ou por outro meio qualquer de comunicação, mediante comprovação de recebimento, convocando-a para, em dia, hora e local certos, firmar o compromisso arbitral.

Parágrafo único. Não comparecendo a parte convocada ou, comparecendo, recusar-se a firmar o compromisso arbitral, poderá a outra parte propor a demanda de que trata o art. 7º desta Lei, perante o órgão do Poder Judiciário a que, originariamente, tocaria o julgamento da causa.

Art. 7º Existindo cláusula compromissória e havendo resistência quanto à instituição da arbitragem, poderá a parte interessada requerer a citação da outra parte para comparecer em juízo a fim de lavrar-se o compromisso, designando o juiz audiência especial para tal fim.

§ 1º O autor indicará, com precisão, o objeto da arbitragem, instruindo o pedido com o documento que contiver a cláusula compromissória.

§ 2º Comparecendo as partes à audiência, o juiz tentará, previamente, a conciliação acerca do litígio. Não obtendo sucesso, tentará o juiz conduzir as partes à celebração, de comum acordo, do compromisso arbitral.

§ 3º Não concordando as partes sobre os termos do compromisso, decidirá o juiz, após ouvir o réu, sobre seu conteúdo, na própria audiência ou no prazo de dez dias, respeitadas as disposições da cláusula compromissória e atendendo ao disposto nos arts. 10 e 21, § 2º, desta Lei.

§ 4º Se a cláusula compromissória nada dispuser sobre a nomeação de árbitros, caberá ao juiz, ouvidas as partes, estatuir a respeito, podendo nomear árbitro único para a solução do litígio.

§ 5º A ausência do autor, sem justo motivo, à audiência designada para a lavratura do compromisso arbitral, importará a extinção do processo sem julgamento de mérito.

§ 6º Não comparecendo o réu à audiência, caberá ao juiz, ouvido o autor, estatuir a respeito do conteúdo do compromisso, nomeando árbitro único.

§ 7º A sentença que julgar procedente o pedido valerá como compromisso arbitral.

Art. 8º A cláusula compromissória é autônoma em relação ao contrato em que estiver inserta, de tal sorte que a nulidade deste não implica, necessariamente, a nulidade da cláusula compromissória.

Parágrafo único. Caberá ao árbitro decidir de ofício, ou por provocação das partes, as questões acerca da existência, validade e eficácia da convenção de arbitragem e do contrato que contenha a cláusula compromissória.

Art. 9º O compromisso arbitral é a convenção através da qual as partes submetem um litígio à arbitragem de uma ou mais pessoas, podendo ser judicial ou extrajudicial.

§ 1º O compromisso arbitral judicial celebrar-se-á por termo nos autos, perante o juízo ou tribunal, onde tem curso a demanda.

§ 2º O compromisso arbitral extrajudicial será celebrado por escrito particular, assinado por duas testemunhas, ou por instrumento público.

Art. 10. Constará, obrigatoriamente, do compromisso arbitral:

I – o nome, profissão, estado civil e domicílio das partes;

II – o nome, profissão e domicílio do árbitro, ou dos árbitros, ou, se for o caso, a identificação da entidade à qual as partes delegaram a indicação de árbitros;

III – a matéria que será objeto da arbitragem; e

IV – o lugar em que será proferida a sentença arbitral.

Art. 11. Poderá, ainda, o compromisso arbitral conter:

I – local, ou locais, onde se desenvolverá a arbitragem;

II – a autorização para que o árbitro ou os árbitros julguem por eqüidade, se assim for convencionado pelas partes;

III – o prazo para apresentação da sentença arbitral;

IV – a indicação da lei nacional ou das regras corporativas aplicáveis à arbitragem, quando assim convencionarem as partes;

V – a declaração da responsabilidade pelo pagamento dos honorários e das despesas com a arbitragem; e

VI – a fixação dos honorários do árbitro, ou dos árbitros.

Parágrafo único. Fixando as partes os honorários do árbitro, ou dos árbitros, no compromisso arbitral, este constituirá título executivo extrajudicial; não havendo tal estipulação, o árbitro requererá ao órgão do Poder Judiciário que seria competente para julgar, originariamente, a causa que os fixe por sentença.

Art. 12. Extingue-se o compromisso arbitral:

I – escusando-se qualquer dos árbitros, antes de aceitar a nomeação, desde que as partes tenham declarado, expressamente, não aceitar substituto;

II – falecendo ou ficando impossibilitado de dar seu voto algum dos árbitros, desde que as partes declarem, expressamente, não aceitar substituto; e

III – tendo expirado o prazo a que se refere o art. 11, inciso III, desde que a parte interessada tenha notificado o árbitro, ou o presidente do tribunal arbitral, concedendo-lhe o prazo de dez dias para a prolação e apresentação da sentença arbitral.

Capítulo III
Dos Árbitros

Art. 13. Pode ser árbitro qualquer pessoa capaz e que tenha a confiança das partes.

§ 1º As partes nomearão um ou mais árbitros, sempre em número ímpar, podendo nomear, também, os respectivos suplentes.

§ 2º Quando as partes nomearem árbitros em número par, estes estão autorizados, desde logo, a nomear mais um árbitro. Não havendo acordo, requererão as partes ao órgão do Poder Judiciário a que tocaria, originariamente, o julgamento da causa a nomeação do árbitro, aplicável, no que couber, o procedimento previsto no art. 7º desta Lei.

§ 3º As partes poderão, de comum acordo, estabelecer o processo de escolha dos árbitros, ou adotar as regras de um órgão arbitral institucional ou entidade especializada.

§ 4º Sendo nomeados vários árbitros, estes, por maioria, elegerão o presidente do tribunal arbitral. Não havendo consenso, será designado presidente o mais idoso.

§ 5º O árbitro ou o presidente do tribunal designará, se julgar conveniente, um secretário, que poderá ser um dos árbitros.

§ 6º No desempenho de sua função, o árbitro deverá proceder com imparcialidade, independência, competência, diligência e discrição.

§ 7º Poderá o árbitro ou o tribunal arbitral determinar às partes o adiantamento de verbas para despesas e diligências que julgar necessárias.

Art. 14. Estão impedidos de funcionar como árbitros as pessoas que tenham, com as partes ou com o litígio que lhes for submetido, algumas das relações que caracterizam os casos de impedimento ou suspeição de juízes, aplicando-se-lhes, no que couber, os mesmos deveres e responsabilidades, conforme previsto no Código de Processo Civil.

§ 1º As pessoas indicadas para funcionar como árbitro têm o dever de revelar, antes da aceitação da função, qualquer fato que denote dúvida justificada quanto à sua imparcialidade e independência.

§ 2º O árbitro somente poderá ser recusado por motivo ocorrido após sua nomeação. Poderá, entretanto, ser recusado por motivo anterior à sua nomeação, quando:

a) não for nomeado, diretamente, pela parte; ou

b) o motivo para a recusa do árbitro for conhecido posteriormente à sua nomeação.

Art. 15. A parte interessada em argüir a recusa do árbitro apresentará, nos termos do art. 20, a respectiva exceção, diretamente ao árbitro ou ao presidente do tribunal arbitral, deduzindo suas razões e apresentando as provas pertinentes.

Parágrafo único. Acolhida a exceção, será afastado o árbitro suspeito ou impedido, que será substituído, na forma do art. 16 desta Lei.

Art. 16. Se o árbitro escusar-se antes da aceitação da nomeação, ou, após a aceitação, vier a falecer, tornar-se impossibilitado para o exercício da função, ou for recusado, assumirá seu lugar o substituto indicado no compromisso, se houver.

§ 1º Não havendo substituto indicado para o árbitro, aplicar-se-ão as regras do órgão arbitral institucional ou entidade especializada, se as partes as tiverem invocado na convenção de arbitragem.

§ 2º Nada dispondo a convenção de arbitragem e não chegando as partes a um acordo sobre a nomeação do árbitro a ser substituído, procederá a parte interessada da forma prevista no art. 7º desta Lei, a menos que as partes tenham declarado, expressamente, na convenção de arbitragem, não aceitar substituto.

Art. 17. Os árbitros, quando no exercício de suas funções ou em razão delas, ficam equiparados aos funcionários públicos, para os efeitos da legislação penal.

Art. 18. O árbitro é juiz de fato e de direito, e a sentença que proferir não fica sujeita a recurso ou a homologação pelo Poder Judiciário.

Capítulo IV
Do Procedimento Arbitral

Art. 19. Considera-se instituída a arbitragem quando aceita a nomeação pelo árbitro, se for único, ou por todos, se forem vários.

Parágrafo único. Instituída a arbitragem e entendendo o árbitro ou o tribunal arbitral que há necessidade de explicitar alguma questão disposta na convenção de arbitragem, será elaborado, juntamente com as partes, um adendo, firmado por todos, que passará a fazer parte integrante da convenção de arbitragem.

Art. 20. A parte que pretender argüir questões relativas à competência, suspeição ou impedimento do árbitro ou dos árbitros, bem como nulidade, invalidade ou ineficácia da convenção de arbitragem, deverá fazê-lo na primeira oportunidade que tiver de se manifestar, após a instituição da arbitragem.

§ 1º Acolhida a argüição de suspeição ou impedimento, será o árbitro substituído nos termos do art. 16 desta Lei, reconhecida a incompetência do árbitro ou do tribunal arbitral, bem como a nulidade, invalidade ou ineficácia da convenção de arbitragem, serão as partes remetidas ao órgão do Poder Judiciário competente para julgar a causa.

§ 2º Não sendo acolhida a argüição, terá normal prosseguimento a arbitragem, sem prejuízo de vir a ser examinada a decisão pelo órgão do Poder Judiciário competente, quando da eventual propositura da demanda de que trata o art. 33 desta Lei.

Art. 21. A arbitragem obedecerá ao procedimento estabelecido pelas partes na convenção de arbitragem, que poderá reportar-se às regras de um órgão arbitral institucional ou entidade especializada, facultando-se, ainda, às partes delegar ao próprio árbitro, ou ao tribunal arbitral, regular o procedimento.

§ 1º Não havendo estipulação acerca do procedimento, caberá ao árbitro ou ao tribunal arbitral discipliná-lo.

§ 2º Serão, sempre, respeitados no procedimento arbitral os princípios do contraditório, da igualdade das partes, da imparcialidade do árbitro e de seu livre convencimento.

§ 3º As partes poderão postular por intermédio de advogado, respeitada, sempre, a faculdade de designar quem as represente ou assista no procedimento arbitral.

§ 4º Competirá ao árbitro ou ao tribunal arbitral, no início do procedimento, tentar a conciliação das partes, aplicando-se, no que couber, o art. 28 desta Lei.

Art. 22. Poderá o árbitro ou o tribunal arbitral tomar o depoimento das partes, ouvir testemunhas e determinar a realização de perícias ou outras provas que julgar necessárias, mediante requerimento das partes ou de ofício.

§ 1º O depoimento das partes e das testemunhas será tomado em local, dia e hora previamente comunicados, por escrito, e reduzido a termo, assinado pelo depoente, ou a seu rogo, e pelos árbitros.

§ 2º Em caso de desatendimento, sem justa causa, da convocação para prestar depoimento pessoal, o árbitro ou o tribunal arbitral levará em consideração o comportamento da parte faltosa, ao proferir sua sentença; se a ausência for de testemunha, nas mesmas circunstâncias, poderá o árbitro ou o presidente do tribunal arbitral requerer à autoridade judiciária que conduza a testemunha renitente, comprovando a existência da convenção de arbitragem.

§ 3º A revelia da parte não impedirá que seja proferida a sentença arbitral.

§ 4º Ressalvado o disposto no § 2º, havendo necessidade de medidas coercitivas ou cautelares, os árbitros poderão solicitá-las ao órgão do Poder Judiciário que seria, originariamente, competente para julgar a causa.

§ 5º Se, durante o procedimento arbitral, um árbitro vier a ser substituído fica a critério do substituto repetir as provas já produzidas.

Capítulo V
Da Sentença Arbitral

Art. 23. A sentença arbitral será proferida no prazo estipulado pelas partes. Nada tendo sido convencionado, o prazo para a apresentação da sentença é de seis meses, contado da instituição da arbitragem ou da substituição do árbitro.

Parágrafo único. As partes e os árbitros, de comum acordo, poderão prorrogar o prazo estipulado.

Art. 24. A decisão do árbitro ou dos árbitros será expressa em documento escrito.

§ 1º Quando forem vários os árbitros, a decisão será tomada por maioria. Se não houver acordo majoritário, prevalecerá o voto do presidente do tribunal arbitral.

§ 2º O árbitro que divergir da maioria poderá, querendo, declarar seu voto em separado.

Art. 25. Sobrevindo no curso da arbitragem controvérsia acerca de direitos indisponíveis e verificando-se que de sua existência, ou não, dependerá o julgamento, o árbitro ou o tribunal arbitral remeterá as partes à autoridade competente do Poder Judiciário, suspendendo o procedimento arbitral.

Parágrafo único. Resolvida a questão prejudicial e juntada aos autos a sentença ou acórdão transitados em julgado, terá normal seguimento a arbitragem.

Art. 26. São requisitos obrigatórios da sentença arbitral:

I – o relatório, que conterá os nomes das partes e um resumo do litígio;

II – os fundamentos da decisão, onde serão analisadas as questões de fato e de direito, mencionando-se, expressamente, se os árbitros julgaram por eqüidade;

III – o dispositivo, em que os árbitros resolverão as questões que lhes forem submetidas e estabelecerão o prazo para o cumprimento da decisão, se for o caso; e

IV – a data e o lugar em que foi proferida.

Parágrafo único. A sentença arbitral será assinada pelo árbitro ou por todos os árbitros. Caberá ao presidente do tribunal arbitral, na hipótese de um ou alguns dos árbitros não poder ou não querer assinar a sentença, certificar tal fato.

Art. 27. A sentença arbitral decidirá sobre a responsabilidade das partes acerca das custas e despesas com a arbitragem, bem como sobre verba decorrente de litigância de má-fé, se for o caso, respeitadas as disposições da convenção de arbitragem, se houver.

Art. 28. Se, no decurso da arbitragem, as partes chegarem a acordo quanto ao litígio, o árbitro ou o tribunal arbitral poderá, a pedido das partes, declarar tal fato mediante sentença arbitral, que conterá os requisitos do art. 26 desta Lei.

Art. 29. Proferida a sentença arbitral, dá-se por finda a arbitragem, devendo o árbitro, ou o presidente do tribunal arbitral, enviar cópia da decisão às partes, por via postal ou por outro meio qualquer de comunicação, mediante comprovação de recebimento, ou, ainda, entregando-a diretamente às partes, mediante recibo.

Art. 30. No prazo de cinco dias, a contar do recebimento da notificação ou da ciência pessoal da sentença arbitral, a parte interessada, mediante comunicação à outra parte, poderá solicitar ao árbitro ou ao tribunal arbitral que:

I – corrija qualquer erro material da sentença arbitral;

II – esclareça alguma obscuridade, dúvida ou contradição da sentença arbitral, ou se pronuncie sobre ponto omitido a respeito do qual devia manifestar-se a decisão.

Parágrafo único. O árbitro ou o tribunal arbitral decidirá, no prazo de dez dias, aditando a sentença arbitral e notificando as partes na forma do art. 29.

Art. 31. A sentença arbitral produz, entre as partes e seus sucessores, os mesmos efeitos da sentença proferida pelos órgãos do Poder Judiciário e, sendo condenatória, constitui título executivo.

Art. 32. É nula a sentença arbitral se:

I – for nulo o compromisso;

II – emanou de quem não podia ser árbitro;

III – não contiver os requisitos do art. 26 desta Lei;

IV – for proferida fora dos limites da convenção de arbitragem;

V – não decidir todo o litígio submetido à arbitragem;

VI – comprovado que foi proferida por prevaricação, concussão ou corrupção passiva;

VII – proferida fora do prazo, respeitado o disposto no art. 12, inciso III, desta Lei; e

VIII – forem desrespeitados os princípios de que trata o art. 21, § 2º, desta Lei.

Art. 33. A parte interessada poderá pleitear ao órgão do Poder Judiciário competente a decretação da nulidade da sentença arbitral, nos casos previstos nesta Lei.

§ 1º A demanda para a decretação de nulidade da sentença arbitral seguirá o procedimento comum, previsto no Código de Processo Civil, e deverá ser proposta no prazo de até noventa dias após o recebimento da notificação da sentença arbitral ou de seu aditamento.

§ 2º A sentença que julgar procedente o pedido:

I – decretará a nulidade da sentença arbitral, nos casos do art. 32, incisos I, II, VI, VII e VIII;

II – determinará que o árbitro ou o tribunal arbitral profira novo laudo, nas demais hipóteses.

§ 3º A decretação da nulidade da sentença arbitral também poderá ser argüida mediante ação de embargos do devedor, conforme o art. 741 e seguintes do Código de Processo Civil, se houver execução judicial.

Capítulo VI
Do Reconhecimento e Execução de Sentenças Arbitrais Estrangeiras

Art. 34. A sentença arbitral estrangeira será reconhecida ou executada no Brasil de conformidade com os tratados internacionais com eficácia no ordenamento interno e, na sua ausência, estritamente de acordo com os termos desta Lei.

Parágrafo único. Considera-se sentença arbitral estrangeira a que tenha sido proferida fora do território nacional.

Art. 35. Para ser reconhecida ou executada no Brasil, a sentença arbitral estrangeira está sujeita, unicamente, à homologação do Supremo Tribunal Federal.

Art. 36. Aplica-se à homologação para reconhecimento ou execução de sentença arbitral estrangeira, no que couber, o disposto nos arts. 483 e 484 do Código de Processo Civil.

Art. 37. A homologação de sentença arbitral estrangeira será requerida pela parte interessada, devendo a petição inicial conter as indicações da lei processual, conforme o art. 282 do Código de Processo Civil, e ser instruída, necessariamente, com:

I – o original da sentença arbitral ou uma cópia devidamente certificada, autenticada pelo consulado brasileiro e acompanhada de tradução oficial;

II – o original da convenção de arbitragem ou cópia devidamente certificada, acompanhada de tradução oficial.

Art. 38. Somente poderá ser negada a homologação para o reconhecimento ou execução de sentença arbitral estrangeira, quando o réu demonstrar que:

I – as partes na convenção de arbitragem eram incapazes;

II – a convenção de arbitragem não era válida segundo a lei à qual as partes a submeteram, ou, na falta de indicação, em virtude da lei do país onde a sentença arbitral foi proferida;

III – não foi notificado da designação do árbitro ou do procedimento de arbitragem, ou tenha sido violado o princípio do contraditório, impossibilitando a ampla defesa;

IV – a sentença arbitral foi proferida fora dos limites da convenção de arbitragem, e não foi possível separar a parte excedente daquela submetida à arbitragem;

V – a instituição da arbitragem não está de acordo com o compromisso arbitral ou cláusula compromissória;

VI – a sentença arbitral não se tenha, ainda, tornado obrigatória para as partes, tenha sido anulada, ou, ainda, tenha sido suspensa por órgão judicial do país onde a sentença arbitral for prolatada.

Art. 39. Também será denegada a homologação para o reconhecimento ou execução da sentença arbitral estrangeira, se o Supremo Tribunal Federal constatar que:

I – segundo a lei brasileira, o objeto do litígio não é suscetível de ser resolvido por arbitragem;

II – a decisão ofende a ordem pública nacional.

Parágrafo único. Não será considerada ofensa à ordem pública nacional a efetivação da citação da parte residente ou domiciliada no Brasil, nos moldes da convenção de arbitragem ou da lei processual do país onde se realizou a arbitragem, admitindo-se, inclusive, a citação postal com prova inequívoca de recebimento, desde que assegure à parte brasileira tempo hábil para o exercício do direito de defesa.

Art. 40. A denegação da homologação para reconhecimento ou execução de sentença arbitral estrangeira por vícios formais, não obsta que a parte interessada renove o pedido, uma vez sanados os vícios apresentados.

Capítulo VII
Disposições Finais

Art. 41. Os arts. 267, inciso VII; 301, inciso IX; e 584, inciso III, do Código de Processo Civil passam a ter a seguinte redação:

"Art. 267...

VII – pela convenção de arbitragem;"

"Art. 301...

IX – convenção de arbitragem;"

"Art. 584...

III – a sentença arbitral e a sentença homologatória de transação ou de conciliação;"

Art. 42. O art. 520 do Código de Processo Civil passa a ter mais um inciso, com a seguinte redação:

"Art. 520...

VI – julgar procedente o pedido de instituição de arbitragem."

Art. 43. Esta Lei entrará em vigor sessenta dias após a data de sua publicação.

Art. 44. Ficam revogados os arts. 1.037 a 1.048 da Lei nº 3.071, de 1º de janeiro de 1916, Código Civil Brasileiro; os arts. 101 e 1.072 a 1.102 da Lei nº 5.869, de 11 de janeiro de 1973, Código de Processo Civil; e demais disposições em contrário.

Brasília, 23 de setembro de 1996; 175º da Independência e 108º da República.

FERNANDO HENRIQUE CARDOSO

Nelson A. Jobim

Este texto não substitui o publicado no D.O.U. de 24.9.1996.

QUESTIONÁRIO DA SÍNDROME DE *BURNOUT*

Responda as perguntas segundo sua situação pessoal. Recorde que cada pessoa é diferente e que não há respostas melhores do que as outras. O fundamental é descrever como cada pessoa se comporta:

1) Nunca ou quase nunca
2) Poucas vezes
3) Algumas vezes
4) Frequentemente
5) Sempre ou quase sempre

1. Sente que já não pode oferecer nada às outras pessoas?	1	2	3	4	5
2. Tem consciência do seu mau humor e de que às vezes você desconta nas pessoas afetadas pelo seu trabalho?	1	2	3	4	5
3. Sente desilusão com seu trabalho, mesmo tendo começado a desempenhá-lo com vontade?	1	2	3	4	5
4. Sente-se vazio e impotente para continuar exercendo sua profissão?	1	2	3	4	5
5. Sente-se asfixiado pelas demandas das pessoas que o rodeiam no trabalho?	1	2	3	4	5
6. Considera-se fracassado em sua profissão com o passar dos anos?	1	2	3	4	5
7. Desde que começou o atual trabalho tem sintomas como dores de cabeça, problemas de sono, transtornos digestivos ou alguma alteração psicossomática?	1	2	3	4	5
8. Você se irrita e tem mal-estar interno na realização do seu trabalho?	1	2	3	4	5
9. Sente-se inútil e sem habilidades para sua profissão?	1	2	3	4	5
10. Sente-se cansado e precisa fazer um grande esforço até se levantar de manhã para começar sua jornada de trabalho?	1	2	3	4	5
11. Sente que seu atual trabalho o está isolando pessoal e profissionalmente?	1	2	3	4	5
12. Acha que perdeu sua vocação profissional?	1	2	3	4	5
13. Você se sente sem forças para prosseguir?	1	2	3	4	5
14. Sente-se insensível e como "anestesiado" emocionalmente ante as situações a que seu trabalho o expõe?	1	2	3	4	5
15. Sente-se insatisfeito e desmotivado ao terminar sua jornada de trabalho?	1	2	3	4	5

16. Sente-se sem vontade e "queimado" pelo trabalho?	1	2	3	4	5
17. Sente que realmente não o preocupa o que acontececom as pessoas com quem você se relaciona no trabalho?	1	2	3	4	5
18. Acha que não conseguiu avançar profissionalmente e que não obteve conquistas na sua profissão?	1	2	3	4	5
19. Sente que seu trabalho não tem sentido e não repercute em nada nem em ninguém?	1	2	3	4	5
20. Sente que trata como objetos as pessoas com quem se relaciona profissionalmente?	1	2	3	4	5
21. Você se acha um mau profissional ou incopetente?	1	2	3	4	5

Avaliação

Some o total de pontos e observe a seguinte tabela:

PONTUAÇÃO	RISCO DE "ESTAR QUEIMADO"
21 – 40	MUITO BAIXO Anime-se! Mantenha seu estilo de vida, pois é muito difícil que possa sofrer a Síndrome de Burnout.
41 – 60	BAIXO Não precisa se preocupar, mas fique atento à tendência caso sua pontuação esteja próximo do limite superior.
61 – 80	MÉDIO Cuidado! Reavalie seu estilo de vida. Preste atenção à pontuação. Defina sua relação com o trabalho.
81 – 105	ALTO Perigo! Você está em risco de "estar queimado". Procure ajuda e se esforce para mudar sua relação com o trabalho.

Talvez ajude, ver a tendência nas diversas escalas:

ESCALAS	ITENS
Esgotamento ou cansaço emocional	1, 4, 7, 10, 13, 16, 19
Despersonalização ou desumanização	2, 5, 8, 11, 14, 17, 20
Falta de realização pessoal	3, 6, 9, 12, 15, 18, 21

QUESTIONÁRIO DE AVALIAÇÃO DO ESTRESSE

Responda as perguntas conforme o seguinte critério:
1) Nunca ou quase nunca
2) Poucas vezes
3) Algumas vezes
4) Frequentemente
5) Sempre ou quase sempre

1. Tem a sensação que perde o controle sobre os acontecimentos de sua vida?	1	2	3	4	5
2. Costuma dedicar tempo a si mesmo?	1	2	3	4	5
3. Fica irritado em ficar na fila (restaurante, cinema, etc.)?	1	2	3	4	5
4. Tem energia para realizar as atividades cotidianas?	1	2	3	4	5
5. Costuma dormir mal, demora a pegar no sono e levanta sem a sensação de ter descansado?	1	2	3	4	5
6. Sente-se tranquilo e relaxado?	1	2	3	4	5
7. Tem a sensação de que falta tempo para tudo que precisa fazer?	1	2	3	4	5
8. Costuma conversar tranquilamente com a família e os amigos?	1	2	3	4	5
9. Tem a sensação de funcionar automaticamente como um robô?	1	2	3	4	5
10. Costuma passear pela cidade ou arredores (ruas, parques, campo, etc.)?	1	2	3	4	5
11. Costuma ter tiques nervosos, como mexer continuamente os pés ou tamborilar com os dedos?	1	2	3	4	5
12. Costuma participar de atividades comunitárias (sociais, religiosas, esportivas, etc.)?	1	2	3	4	5
13. Fica tenso com a lentidão das outras pessoas?	1	2	3	4	5
14. Sente-se descansado?	1	2	3	4	5
15. Tende a fazer várias coisas de uma vez?	1	2	3	4	5
16. Por sua aparência, costumam lhe dar menos idade do que tem?	1	2	3	4	5
17. Costuma ter mudanças bruscas de humor e se irrita co facilidade?	1	2	3	4	5
18. Costuma realizar seu trabalho com tempo e tranquilidade?	1	2	3	4	5

19. Sente tensão nas costas, nos ombros ou no pescoço?	1	2	3	4	5
20. O trabalho termina quando você sai do local em que o realiza?	1	2	3	4	5
21. Tende a perder o senso de humor e se irrita facilmente?	1	2	3	4	5
22. Sente-se em boa forma física, com elasticidade e agilidade?	1	2	3	4	5
23. Costuma desconfiar dos outros?	1	2	3	4	5
24. Costuma praticar algum esporte regularmente?	1	2	3	4	5
25. Tende a por a culpa em outras pessoas pelo descumprimento das tarefas?	1	2	3	4	5
26. Adora observar os detalhes: cenas cotidianas, pôr do sol, etc.?	1	2	3	4	5
27. Costuma recorre a algum estimulante (café, beliscar alguma coisa, álcool, tabaco, etc.)?	1	2	3	4	5
28. Dorme de uma vez e sem interrupções?	1	2	3	4	5
29. Tende a comer depressa, de forma ansiosa e compulsiva?	1	2	3	4	5
30. Costuma dedicar tempo a programar ou projetar suas tarefas e a revisar o que foi realizado?	1	2	3	4	5
31. Costuma andar rápido e se deslocar de um lado para o outro precipitadamente?	1	2	3	4	5
32. Participa de reuniões, jantares, festinhas, etc. com os familiares ou amigos?	1	2	3	4	5
33. Costuma interromper e não deixar outras pessoas terminarem as frases quando estão falando?	1	2	3	4	5
34. Entrega-se ao prazer de saborear alimentos, bebidas, etc.?	1	2	3	4	5
35. Costuma ter dores de cabeça, enxaquecas, problemas digestivos ou intestinais?	1	2	3	4	5
36. Costuma ter um sentido lúdico da vida: senso de humor, ironia não agressiva, etc.?	1	2	3	4	5
37. Sente-se cansado?	1	2	3	4	5
38. Acha que a maioria das pessoas vive com muita pressa e agitação?	1	2	3	4	5
39. Costuma estar tenso e com preocupações?	1	2	3	4	5
40. Costuma realizar cada tarefa de cada vez, sem misturar várias ao mesmo tempo?	1	2	3	4	5

Avaliação

É preciso observar que as perguntas pares apresentam correção negativa. Ou seja, 1-5; 2-4; 3-3; 4-2; 5-1.

PONTUAÇÃO	RISCO DE ESTRESSE
40 – 80	NULO Anime-se! Mantenha esse estilo de vida, pois é muito difícil que você venha a sofrer de estresse.
81 – 160	MÉDIO Cuidado! Reavalie seu estilo de vida. Preste atenção à sua pontuação. Estabeleça seu próprio ritmo.
161 – 200	ALTO Perigo! Você corre risco de estresse. Procure ajuda e se esforce para mudar seu estilo de vida.

Impressão:
Evangraf
Rua Waldomiro Schapke, 77 - POA/RS
Fone: (51) 3336.2466 - (51) 3336.0422
E-mail: evangraf.adm@terra.com.br